아! 줌마의
뒤죽박죽
남미 한 달
여행기

아! 줌마의 뒤죽박죽 남미 한 달 여행기

발행일   2022년 8월 25일

지은이   엄금순
펴낸이   손형국
펴낸곳   (주)북랩
편집인   선일영   편집   정두철, 배진용, 김현아, 박준, 장하영
디자인   이현수, 김민하, 김영주, 안유경   제작   박기성, 황동현, 구성우, 권태련
마케팅   김회란, 박진관
출판등록   2004. 12. 1(제2012-000051호)
주소   서울특별시 금천구 가산디지털 1로 168, 우림라이온스밸리 B동 B113~114호, C동 B101호
홈페이지   www.book.co.kr
전화번호   (02)2026-5777   팩스   (02)2026-5747

ISBN   979-11-6836-458-5 03950 (종이책)   979-11-6836-459-2 05950 (전자책)

50대 아줌마 혼자 떠난
남미 배낭 여행

아! 줌마의
뒤죽박죽
남미 한 달
여행기

엄금순 지음

페루 마추픽추에서
아르헨티나의 페리토 모레노 빙하까지,
남미의 알짜배기를 구석구석 누빈
아줌마의 도전과 용기

북랩

여는 글

500만 원으로 한 달 동안 나 홀로 남미여행을 하고 온
아줌마의 뒤죽박죽, 설렁설렁 여행 이야기입니다.
계획이 있는 듯 없는 듯, 빡센 듯 안 빡센 듯,
아날로그와 디지털의 짬뽕으로 다녀온 자유여행이지요.

스페인어는 할 줄 몰라요. 영어는 단어 영어 가능합니다.
그래도 버킷리스트 1호였던 페루 쿠스코의 절벽호텔을 시작으로
페루 마추픽추,
볼리비아 우유니 소금사막,
아르헨티나·브라질의 이과수폭포,
파타고니아 세상의 끝 우수아이아의 펭귄섬,
엘칼라파테의 모레노빙하 미니투어까지
남미 핵심 알짜배기는 다 다녀왔답니다.

반은 길 위에서 보내는 여행이지만
저처럼 이런 여행을 꿈꾸는 분들은 도전해 볼 만합니다.
거창하고 잘난 여행 정보 책이 아니고
코로나19가 발생하기 직전에 다녀온 여행기임을 감안하세요.
여행지에서 일어나는 다양한 변수는 늘 존재하니까
이 경험담은 참고만 하세요.
남미 여행을 준비하거나 망설이는 분들은
이 아줌마의 두둑한 배짱만 배낭에 챙겨가세요.

2022년 8월
굳세어라 금순이 구쎌

구쎌의 남미 여행 루트

COLOMBIA

SURINAME

GUYANA

FRENCH GUYANA

ECUADOR

PERU

브라질

페루

IN 리마

우유니 소금 사막

BOLIVIA

볼리비아

쿠스코 마추픽추

칠레

파라과이

OUT 산티아고

아르헨티나

이과수 폭포

모레노 빙하

세상의 끝 등대

PART 1

여행 준비

D-45 남미 왕복 항공권 예매

페루 리마 in, 칠레 산티아고 out
1회 경유 남미 항공권 구매
와이페이모어 항공권

드디어 질렀다, 남미…….

인천 - 달라스 - 리마 in, 산티아고 out - 달라스 - 인천

오갈 때 달라스를 1회 경유하는 티켓으로 왕복 1,060,000원.

생각보다 참 착한 가격이다. (생각을 어떻게 했길래?) 남미 여행 성수기가 아닌 10월 항공권이라 그런가? 그렇더라도 참 착한 가격이다.

대한항공 마일리지를 아들, 딸, 남편 거 몽땅 박박 긁어 모아봤더니 약 8만 점이 좀 넘었다. 남미 왕복에 필요한 10만 점엔 좀 모자랐다. 혹시 편도로 5만 점은 쓸 수 있을까 알아봤는데 대한항공 단독이 아닌 스카이팀 보너스 항공권은 편도만 이용해도 왕복 마일리지를 차감한다.

그래서 깔끔히 포기하고 아메리칸 항공권을 와이페이모어에서 카드로 질렀다. 아메리칸 항공이지만 와이페이모어에서 각 구간 다 좌석을 지정할 수 있다. 짱이다.

암튼 이제 항공권을 끊었으니 나머진 뭐 시간이 다 알아서 처리해 주겠지.

D-41 esta 비자 신청하기

esta 비자 신청 홈페이지

https://esta.cbp.dhs.gov/esta/application.html?execution=e1s1

ESTA 신청 준비물: 업로드할 여권 사본, 14달러 결제할 해외 결제 가능 카드 또는 페이팔(paypal)

페루 리마행 항공권이 미국 달라스 경유하는 거다. 공항에서 잠깐 머무는 데도 미국 땅을 밟으려면 ESTA라는 게 필요하다고 한다. 흔히 이스타 비자라고 하는 전자여행허가증이다.

ESTA(Electronic System for Travel Authorization)

인터넷에 이스타 비자 검색하면 쫘르륵 뜬다. 여권 사본 업로드하고 입력하라는 대로 입력한다.

부모님 두 분 성과 이름란이 있어 난 돌아가신 지 10년도 훨씬 넘은 부모님 이름을 따박따박 입력했다. 부모님 이름을 영어 알파벳으로 써 본 일이 있었던가? 새삼스러웠다. 또르륵.

허가 신청을 하면 72시간 내에 허가 승인 난다고 쓰여 있지만 특별한 사유가 없으면 당일 몇 시간 내에 되는 것 같다.

암튼 필수 준비 하나 완료.

D-39 쿠스코 항공권 위약금에 배 아프다

가격 요약	
총 운임	USD 27.07
총 세금	12.53 달러
공항에서 체크인	1 x USD 4.66
총 할증료	USD 2.60
총 부가가치세	6.36 달러
합계:	**USD 53.22**

전체 가격 내역 표시

당신은 **동의해야** 이러한 **이용 약관**

☑ 이용 약관에 동의하며 내 주문이 올바른지 확인합니다. <u>이용 약관 읽기</u>

예약 완료 ›

페루 리마에서 쿠스코로 이동할 때 버스를 타고 갈까, 비행기를 타고 갈까 망설이며 여기저기 정보를 수집 중, 스카이스캐너를 통해서 비바에어 항공권이 엄청 싸게 나왔길래 덥썩 물었다.

첨에 75달러를 보고 들어갔는데 이것저것 클릭을 하다 보니 어째 최종 53달러 정도에 예약이 되었다. 이때까지만 해도 뭐가 잘못된 줄도 모르고 그저 탁월한 선택이려니 했다. 그러다 조금 전에 잘난

척하며 포스팅하려다가 그제야 뭔가 심히 잘못된 걸 알았다.

날짜ㅠㅠ 흐미.

타고 갈 날짜가 2주일이나 뒤의 날짜다. 도대체 정신을 어디다 팽개치고 뭘 클릭했던 거야. 할 수 없이 다시 들어가서 날짜 변경을 했다. 저가 항공 특성상 위약금이 대략 30프로, 그리고 처음 봤던 그 75달러 가격에 뭐뭐 더해지고 위약금 내고 해서 50달러 추가 결제, 결국 103달러짜리 항공권이 되었다.

준비 과정부터 뒤죽박죽이다.

꺼진 불도 다시 보고 끊은 표도 다시 보자.

D-27 대한항공 마일리지 치트키

1) 1회에서 3회까지 동일 점수 25,000점 차감된다. 탑승자 본인 이나 가족 합산 대상자 중에 온전히 25,000점이 넘는 사람이 있는지 확인한다. 25,000점 공제는 한 사람 마일리지로만 공제하므로.

2) https://www.aerolineas.com.ar
아르헨티나 항공 사이트에 들어가서 가고자 하는 날짜에 있는 구간 항공 시간을 대략 알아 놓는다.

3) 대한항공 사이트에 들어가서 채팅서비스 이용해 예약한다.

4) 마일리지 공제자가 24시간 내에 세금을 결제하면 탑승자 이메일로 e-티켓이 온다.

정보가 힘이다.

왕복 항공권과 여행 첫날 숙소만 예약해 놓고 아무런 예약이 없는 상태. 변수가 어디서 어떻게 일어날지 몰라 큼직큼직하게 큰 틀만 잡아놓고 있던 중, 어젯밤 여기저기 정보 뒤지다가 나한테 아주 딱 쓸모 있는 정보를 잡아챘다.

대한항공 마일리지 25,000점으로 스카이팀 아르헨티나 국내선을 3회까지 이용할 수 있다는 것!!!

1회를 이용하나 3회를 이용하나 무조건 25,000이 공제된다는 것.

이거이거이거 완전 대박이다.

그리하야 후반에 생각하고 있는 아르헨티나 여행에 왕창 항공권 찬스를 쓰기로!

〈부에노스아이레스~우수아이아, 우수아이아~엘칼라파테, 엘칼라파테~바릴로체〉

요렇게 세 구간을 가볍게 딸내미 마일리지에서 25,000점 차감하기로 ♥♥♥

가족은 사랑이다. ^^

내 마일리지는 25,000점이 쫌 안 된다. 양심상 내 걸로 먼저 공제하고 모자라는 걸 딸내미 걸로 쓰려고 해도, 규정상 한 사람 점수로만 해야 한다니까

어. 쩔. 수. 없. 다.

내가 원하는 날짜에 저 구간들 항공료는 약 55만원 정도 드는 것 같다. 오늘 돈 벌었다.

마일리지 차감되는 사람이 세금도 같이 내야 한다. 그래서 딸내미

는 마일리지 차감되고 거금 10,800원 세금도 결제.

엄마한테 효도할 기회를 앉아서 얻었다.

D-14 볼리비아 비자 신청

아! 줌마의 뒤죽박죽 남미 한 달 여행기

주한 볼리비아대사관

https://www.embolcorea.com/

Tel) 02-318-1767

비자 업무: 9:30~12:10

50세 이상은 전화 예약 후 구비 서류 지참해서 월요일 오전 방문. 신청서는 대사관에 가서 작성하면 된다. 제출한 서류는 돌려주지 않으니 혹시 필요한 건 추가로 미리 인쇄해 놓는다.

50세 이하는 온라인으로 신청 필수! 50세 이상은 온라인 신청 선택!

남미 여행 중 우유니 사막이 있는 볼리비아를 방문하려면 관광 비자가 필수다. 돈 내고 도착비자를 받든지, 페루 쿠스코에서 신청하든지 해도 된다지만……. 스페인어를 1도 모르는 난, 지난 월요일 전화로 신청하고 어제 아주 일삼아 볼리비아 대사관을 방문했다. (2019. 9. 23(월) 방문, 나이 티를 냄.)

11시 예약이라 10시 40분쯤 가서 담당자에게 11시 예약자 왔다고 알리니 기다리면 이름을 부른다고 했다. 이미 대기하는 사람이 약 10명은 되었는데 순서대로 해주는 것 같았다.

뻘쭘하게 약 30분 정도 기다린 후 드디어 이름을 불러 가니까 신청서 작성해 왔냐고 묻는다.

엥? 난 왜 신청서를 따로 안 써도 될 거라고 생각했던 걸까? 구비 서류만 준비해 가면 왜 알아서 발급해 주는 걸로 멍청하게 생각했던 걸까? 난 그게 50세 이상을 굳이 별도로 받는 이유라고 혼자 단정지어 생각하고 있었던 거다.

대기하고 있던 사람들이 사진을 붙이고 뭘 열심히 쓰고 있는 걸 봤을 때도 그건 이름 부른 다음에 따로 하는 절차인 줄 알았다. 한마디로 그냥 내가 멍청했던 거다. 암튼 할 수 없이 뒤로 물러나 그제야 신청서를 작성하고 비자를 발급받아 왔다는 혼자만 웃픈 얘기. 근데 지금도 의문은 의문이다.

50세 이하나 50세 이상이나 온라인으로 신청을 하든 안 하든 어차피 결국 한 번은 방문해야 하는데 그럼 굳이 왜 구분하지???

덧붙임) 코로나 시국 이후 50세 이상도 온라인으로 신청하는 것으로 바뀌었다고 합니다. 비자 받으려는 시점에 꼭 다시 확인하시기 바랍니다.

주요 일정표

남미 자유여행 주요 일정표 (2019. 10. 7 ~ 11. 7)

	날짜	주요 도시	주요 일정	이동 수단
1일	10/7 월	인천 17:25 출발	→ 미국 달라스	항공 AA280, AA909
2일	10/8 화	페루 쿠스코	→ 페루 리마 → 페루 쿠스코 도착	항공 VV752
3일	10/9 수		절벽호텔 Skylodge Adventure Suites	벤, 페루레일
4일	10/10 목		아구아스 칼리엔테스	
5일	10/11 금		마추픽추	잉카레일
6일	10/12 토		페루 쿠스코→ 라파스행 버스	볼리비아 홉 버스
7일	10/13 일	볼리비아 라파스	푸노, 카파카바나 경유, 라파스 도착	
8일	10/14 월		라파스 케이블카	
9일	10/15 화		라파스 → 우유니	야간 버스
10일	10/16 수	볼리비아 우유니	우유니 도착, 우유니 데이 선셋투어	
11일	10/17 목		우유니 시내	
12일	10/18 금	볼리비아 비야손	우유니 → 비야손	버스
13일	10/19 토	아르헨티나 살타	비야손 → 살타	버스
14일	10/20 일	푸에르토 이과수	살타 시티투어 후 → 이과수	항공 AR2738
15일	10/21 월		이과수폭포	
16일	10/22 화		파라과이, 브라질 당일	
17일	10/23 수		탱자탱자	
18일	10/24 목	부에노스아이레스	브라질 이과수 → 부에노스아이레스	항공 AR1733
19일	10/25 금		오페라서점 등 시내	
20일	10/26 토	우수아이아	부에노스아이레스→ 우수아이아	항공 AR1854
21일	10/27 일		비글해협 투어	
22일	10/28 월	엘칼라파테	우수아이아 → 엘칼라파테	항공 AR1821
23일	10/29 화		탱자탱자	
24일	10/30 수		모레노 빙하 미니투어	
25일	10/31 목		엘찰튼	
26일	11/1 금	바릴로체	엘칼라파테 → 바릴로체→ 칠레 산티아고	항공 AR1873, 버스
27일	11/2 토	칠레 산티아고	칠레 산티아고 도착, 산크리스토발 언덕	
28일	11/3 일		산티아고 시내	
29일	11/4 월		산타루시아 언덕	
30일	11/5 화	산티아고 출발	산티아고 → 달라스	항공 AA940
31일	11/6 수		달라스 → 인천	항공 AA281
32일	11/7 목	인천 16:25 도착		

한달 여행 경비 내역

경비 구분	경비 지출액	마일리지
출발 전 여행 준비	1,202,000	대한항공 마일리지 25,000점
교통비	856,000	
숙박비	931,000	
투어 및 입장료	808,000	
식대, 선물, 기타 잡비	953,000	
한달 남미여행 총 경비	4,750,000	마일리지 25,000점 (약 55만원)

남미여행 총 경비 4,750,000원 + 대한항공 마일리지 25,000점

* 2019년 10월, 11월 기준 환율

페루 솔 × 360 ≒ 원화

볼리비아 볼 × 180 ≒ 원화

아르헨티나 페소 × 20 ≒ 원화

브라질 헤알 × 300 ≒ 원화

칠레 페소 ×1.7 ≒ 원화

한 달 남미여행 경비 세부 내역

출발 전 여행 준비 내역

출발 전 여행 준비 내역	달러 $	원화 ₩	비고
페루 리마 in, 칠레 산티아고 out 항공권		1,060,000	
esta 비자	14달러	17,000	
페루 리마 - 쿠스코 국내 항공권	103.72달러	125,000	
아르헨티나 부에노스아이레스-우수아이아 항공권			대한항공 마일리지 25,000점 (약 55만원 가치)
아르헨티나 우수아이아 - 엘칼라파테 항공권			
아르헨티나 엘칼라파테 - 바릴로체 항공권			
출발 전 여행 준비 전체 경비		1,202,000	

교통비

나라/도시	교통비 지출 내역	현지 화폐	한국 원(₩)
페루 쿠스코	페루레일	288솔	104,000
	마추픽추 셔틀버스 왕복	24달러	29,000
	잉카레일 + 버스	89달러	108,000
	볼리비아 흄 버스	61.95달러	71,000
볼리비아 라파스	라파스 → 우유니 버스	100볼	18,000
아르헨티나 라끼아까	라끼아까 → 살타 버스	770페소	16,000
살타	살타 → 푸에르토 이과수 항공권	4,648페소	96,000
푸에르토 이과수	푸에르토 이과수 → 부에노스아이레스 항공권	115달러	140,000
엘칼라파테	엘칼라파테 → 엘찰튼 왕복 버스	1,800페소	37,000
바릴로체	바릴로체 → 칠레 산티아고 버스	2,700페소	55,000
	택시, 공항버스, 케이블 등 기타		182,000
전체 교통비			856,000

숙박비

나라/도시	숙소	현지 화폐	한국 원(₩)
페루 쿠스코	Quera Calle Hostel	52솔	19,000
페루 아구아스칼리엔테스	Andino Hotel (2박)	227.8솔	82,000
페루 쿠스코	Hotel peru real 늦은 체크아웃	75솔	27,000
볼리비아 라파스	Residencial Alta Vista (2박)	157볼 + 22달러	55,000
볼리비아 우유니	Le ciel de uyuni (2박)	42달러	50,000
볼리비아 비야손	Hotel Ideal	117볼	21,000
아르헨티나 살타	Salta colonial Hostel	22달러	27,000
아르헨티나 푸에르토이과수	Hostel y Posada Colibri (2박)	3,120페소	63,000
아르헨티나 푸에르토이과수	125 Hotel (2박)	4,320페소	88,000
아르헨티나 부에노스아이레스	Hotel El cabildo (2박)	43달러 + 1,755페소	87,000
아르헨티나 우수아이아	Rosa de Los Vientos (2박)	5,850페소	118,000
아르헨티나 엘칼라파테	Albergue Lago Argentino B&B (4박)	64달러 + 3,800페소	154,000
칠레 산티아고	Hostel Rio Amazonas (3박)	117달러	140,000
전체 숙박비			931,000

컨디션을 봐서 여차하면 볼리비아의 와이나포토시(6,088m) 설산 등반을 하려는 야심을 품고 나름 단단히 준비를 하고 갔.었.다.

하지만 첫날밤, 고산증으로 호되게 혼자 고생하며 결심했다.

3,400m 쿠스코에서 이미 이 지경인데 언감생심 와이나포토시라니……. 깔끔하게 미련을 버리자. 몸을 사리자!

앞으론 무조건 화장실 딸린 방을 얻자.

투어 및 입장료 내역

나라/도시	투어 및 입장료 내역	현지 화폐	한국 원(₩)
페루 쿠스코	절벽 호텔 Sky Adventure suites 점심 투어	880솔	320,000
페루 쿠스코	마추픽추 입장료	152솔	55,000
페루 푸노	우로스 섬 투어	35솔	12,000
볼리비아 우유니	우유니 데이&선셋 투어	200볼	36,000
아르헨티나 살타	시티 버스 투어	500페소	10,000
아르헨티나 이과수	이과수폭포 입장료	800페소	16,000
브라질 이과수	이과수폭포 입장료	70헤알	21,000
아르헨티나 우수아이아	비글 해협 투어	9,150페소	185,000
아르헨티나 엘칼라파테	모레노빙하 미니투어	6,500페소	130,000
아르헨티나 엘칼라파테	모레노빙하 입장료	800페소	16,000
칠레 산티아고	산크리스토발 언덕 케이블카 등 입장료	4,420페소	7,000
투어 및 입장료 전체 비용			808,000

암튼 볼리비아 비자 받을 때 필요해서 예약한 우유니 도미토리도 취소하고 한 달 남미 여행 기간 동안 쭈우욱 싱글 룸이나 더블 룸.

예산에서 숙박비가 껑충 뛰긴 했지만 주위 신경 쓸 것도 없고 조용하구 편하구 아주 좋드만. ㅎ ㅎ

PART 2

여행 중

페루 리마 공항, LG야 반갑다

기름진 음식을 안 좋아하고 이것저것 가리는 게 많다. 내 입맛은 저렇다. 난 지극히 입이 싼 뇨자ㅎㅎ.

여행 중엔 뭐든지 잘 먹어야 하는데 역마살에 비하면 참으로 고달픈 식성이다. 한 달 여행을 떠나면서 일단 인천공항에서 된장찌개로 속을 꽉꽉 채워주고 비행기에 사뿐히 몸을 실었다.

미국 달라스행 아메리칸 항공은 기내식으로 비빔밥도 나오고 컵라면도 나왔다. 세상 좋다. 하늘 위에서 해 지는 것도 보았다.

약 13시간 날아가서 달라스 공항에 도착했다. 공항 안내 직원들이 "이스타 이스타" 소리치며 알아서 이리 가라 저리 가라 알려준다.

한국어가 있는 키오스크 입국신고서 질문에 사실 그대로 작성하면 요런 종이영수증 같은 게 나온다. 이걸 들고 다시 심사관한테 가서 양손 지문 찍고 사진 찍고 통과. 다시 환승장에 들어가기 위해 또 한참 줄을 섰다.

단지 환승하는 건데도 절차가 입국절차, 출국절차 밟는 것 같다. 어차피 난 환승 대기 시간이 6시간이나 있으니 세월아 네월아 해도 상관없다만.

달라스 공항 환승장에서도 해 지는 걸 보았다. 익숙한 스타벅스에서 빵과 커피를 사먹고 여기저기 카톡질하며 킬링 타임을 보내고 달라스에서 페루 리마로 가는 아메리칸 연결 항공에 탑승했다.

근데 출발 이륙 시간이 다 되었는데 무슨 일인지 짐들을 몽땅 다 빼갔다. 그리곤 한참 있다가 도로 와서 싣는다. 내 배낭은 확실히 실렸다. 비행기 탑승한 채 내 짐이 실리는 건 첨 본다. 역시 미쿡이라 그런가 별 구경을 다 시켜준다. 짐을 빼갔다가 하나하나 다시 싣느라 출발이 지연되었지만 어찌됐건 출발은 했다.

달라스로부터 약 7시간을 날아가서 도착한 페루 리마 공항. 배낭 짐을 찾고 입국장에 들어서니 LG가 격하게 날 반긴다. 나도 격하게 반갑다야.

요즘 너튜브에 뒷광고로 말이 많던데 난 대놓고 앞광고 한다.

전자제품 사실 때는 LG전자 베스트샵 세종중앙점으로 오시라!

https://blog.naver.com/lgsejong6200
구쎌네 엘지 가게 자체 PPL^^
LG전자 베스트샵 세종중앙점 044) 865-6200

한국에서 예약하고 간 리마 - 쿠스코 비바에어 국내선 비행기표를
끊고 나서 일단 100달러만 환전했다.
(100달러 ≒ 306솔, 2019년 10월 8일 리마 공항 기준)

빵과 커피를 먹으며 다시 네다섯 시
간 대기 후 1시간 비행 거리인 쿠스코
행 뱅기에 올랐다.

뱅기 밖으로 내려다보이는 설산들.
멋진 풍경이랍시고 담아놨건만 사진

을 통째로 보니까 자연스레 먼저 변기통이 떠오른다.

　아, 이런, 숨길 수 없이 티 나는 나의 빈곤한 상상력…….

　어쨌든 드디어 쿠스코 공항에 도착했다.
인천을 출발한 지 약 32시간 만이다.

　장하고 장하고 또 장하다!!!

하나. 날 환영해주는 쿠스코

페루 쿠스코공항 밖으로 나왔다.

도착하자마자 고산증으로 고생하는 사람들이 보이던데 난 상태가 아주 말짱하다. '이 상태면 내일 바로 절벽 호텔을 올라갈 수 있겠다.'

자신만만, 기세등등 하늘을 찔렀다.

공항 밖의 의자에 앉아서 한국에서 미리 깔아놓은 우버 택시 앱을 실행했다. 내가 있는 곳이 우버 택시가 들어오지 못하는 구역인지 기사가 걸어왔다. 서로 폰에 뜬 이름을 확인한 뒤에 주차된 곳으로 갔다. 내 가방 짐을 하나 메고 기사님이 앞장서 걸어갔다.

내 말은 기사가 못 알아듣고 기사님 말은 내가 못 알아듣지만 손짓이나 언어 톤으로 서로 대충 이해한다. 기사님은 뭔가 보여줄 장면이 있으면 손짓으로 가리킨다. 얼핏 첨성대 같은 탑이 스쳐 지나갔다. 이쪽저쪽 열심히 바깥 구경을 하는 중에 무슨 행사 행렬이 지나간다.

아이고야, 날 또 어찌 알아보고ㅎㅎㅎ. 내가 뭐라고 이렇게까지 환영을 해준다냐. 안 그래도 되는데…… . 거 참ㅎㅎㅎ.

친절한 기사님이 큰길에서 내려주면서 요 골목으로 들어가면 내가 찾는 여행사가 있다고 손짓으로 가리켜줬다.

그렇다.

단박에 알아차리지 못했다는 게 함정이지만 개가 떠억하니 누워있는 곳이 바로 내가 찾아가고자 하는 여행사 앞마당이었다. 저 빨간 옷이 걸려있는 가게로 들어가기만 하면 되었다. 그 안에 절벽호텔을 예약할 수 있는, Peru Nature Treks 여행사가 있다.

하지만 난 골목 풍경 사진만 찍고 개를 피해서 그대로 거기를 지나치고 말았다.

세상 무서워하는 거 별로 없는 내가 젤 무서워하는 게 개다.

개는 개무섭다.

미리 말하지만 남미는 온통 개판이다. 내 어렸을 적 시골 마을처럼 커다란 개, 작은 개 가리지 않고 마구 돌아다닌다. 진작 개판임을 알았더라면 아마 남미 여행은 없었을지도 모른다. 가끔 몰라서 용감할 때가 많다.

암튼 한방에 직방으로 찾아가면 뒤죽박죽 아줌마가 아니지. 근데

헤매도 꼭 거의 다 찾아가서 헤맨단 말이지.ㅠㅠ 조금 더 걸어가니
쿠스코의 중심 아르마스 광장이 딱 나왔다. 날씨 하난 끝내줬다.

둘. 쿠스코를 만만히 본 죄

Peru Nature Treks' 여행사 www.perunaturetreks.com

LUNCH +	Price per person (soles)
VIA FERRATA	S/.790.00
ZIP-LINE	S/.790.00
VIA FERRATA + ZIP-LINE	S/.880.00

Itinerary

9:00 am	Pick up at your hotel
10:45 am	Arrive at our base in Pachar
11:15 am	Ascent climbing the via ferrata or hiking up through the zipline
12:15 pm	Lunch at Skylodge Adventure Suites
13:30 pm	Descent zip lining or rappeling down
15:30 pm	Back to the base
17:00 pm	Arrive in Cusco

절벽호텔 일정표

구글 지도 앱이 목적지 근처에서 계속 뱅글뱅글 돈다. 근처에 찾고 있는 여행사가 있다는 얘긴데 도무지 내 눈엔 들어오질 않는다. 누군가에게 물었더니 2층 계단을 가리키며 거기로 가라고 했다. 마침 찾는 여행사도 2층이라고 알고 있어서 베리베리 고맙다는 인사를 하고 계단을 올라갔다.

거긴… 레스토랑이었다.

쿠스코의 중심인 아르마스 광장을 전망으로 하는 식당, 알고는 나혼자 절대 오지 못했을 비싼 레스토랑 같다. 엎어진 김에 쉬어 가자~~~.

연어 킬러 울 딸내미를 급 소환시키고 싶었던 음식이 나왔는데 내입맛은 그렇게 고급지지 않아……. 내 입맛을 배신하지 않는 건 역시 맥주~.

통역앱을 돌려가며 절벽호텔에 대해서 얘기를 주고받은 레스토랑 쥔장이 내가 식사를 마치자 친절하게도 직접 여행사로 안내해 주셨다.

아! 줌마의 뒤죽박죽 남미 한 달 여행기

'자세히 봐야 예쁜' 풀꽃도 아닌데, 이 여행사는 자세히 봐야 알아차릴 수 있다.

얼핏 가방 가게나 등산용품점만 보고 지나치기 십상이다. 이 등산용품점은 복층구조로 된 건물이라는 것. 여행사는 이 가게 안에 있는 작은 계단으로 올라가야 한다. 뭐, 건물 번지수를 확인하면 된다고? 그래, 난 맹이야 꽁이야.

핸드폰은 삼성이 좋다며 갤럭시 노트10 보유자로서 엄청 세심하게 상담해 주신 분. 이왕이면 잘 찍어달라고 포즈를 취하신다. 뭘 좀 아시는 듯ㅎㅎ.

절벽호텔 위치는 쿠스코 시내보다 오얀따이땀보에 훨씬 가깝다. 그래서 다음날 일정이 끝나는 시간을 고려해서 오얀따이땀보에서 이구아스 칼리엔테스 가는 페루레일 티켓까지 이 여행사 사무실에서 예약했다. 이곳에서 소개해 준 곳에서 환전도 잘했다.

마추픽추 입장권은 상황 봐가면서 현지에서 끊기로 했다. 일단 남미 자유여행 중 젤 궁금한 곳, 절벽호텔 예약을 해놓고 홀가분하게 숙소로 간다.

그런데 남미 여행 중 생각지 못한 복병이 있었다. 거리를 활보하고 다니는 개들ㅜㅜ. 남미 여행을 준비하며 신경 써야할 게 참 많았는데 이렇게 개들이 많이 다니는 건 미처 생각지 못했다. 개 트라우마가 있는 나는…… 에휴, 그저 피해 다니는 수밖에…….

다음날을 위해 숙소에 짐을 풀고 그냥 쉬어야 했다. 그래야 했었다.

근데 밖에 아직 해가 있는 시간에 힘이 남아돈다고 느낀 나는 옷도 따뜻하게 입지 않고 다시 시내로 나갔다. 늦도록 돌아다니다가 숙소로 돌아오는 길부터 어질어질 증세가 나타났고, 기어이 밤새 고산증으로 개고생했다.

고산 도시임을 망각하고 쿠스코를 만만히 본 죄,
고생해도 싸다.

하나. 버킷리스트 1번, 꿩 대신 닭

페루 쿠스코 절벽호텔, 캡슐호텔 Skylodge Adventure Suites
www.naturavive.com

남미 비행기표를 예매한 뒤 내가 젤 먼저 알아본 건 절벽호텔 스카이롯지 숙박 여부였다. 홈페이지에 들어가서 숙박 예약을 문의하니 이미 6개월 전에 예약이 꽉 찼단다. 대신 스카이롯지에서 점심 먹는 건 할 수 있다 하였다. 그거라도 하겠다고 예약리스트에 올리고 쿠스코 시내에 있는 'Peru Nature Treks' 여행사 주소를 메일로 받아냈다. 그리곤 쿠스코 도착하자마자 그 여행사부터 찾아갔던 것. 일정은 간단하다.

〈비아페라타(가벼운 암벽 등반의 일종) → Skylodge 점심 → 짚라인 하강〉

드뎌 짜자잔 그날~

김상병을 껴안고 잤다. 춥고 어지럽고 토할 것 같은 고산증으로 밤새 고생할 때 내게 따뜻한 에너지를 불어넣어 준 김상병!!! 핫팩 김상병, 참 쓸 만한 녀석이다ㅎㅎ. 한국에서 미리 처방해 간 고산증약, 뜨거운 김상병, 그리고 아침으로 먹은 즉석 누룽지 덕분에 어느 정도 컨디션이 회복되었다.

'고산중 최고의 약은 하산'

스카이롯지가 있는 우루밤바 지역(고도2,600m)은 쿠스코 시내 (3,400m)보다 고도가 낮아 다행이다. 오전 9시에 숙소 앞에서 기다렸다가 다른 일행과 합류했다. 우루밤바 지역으로 밴을 타고 약 1시간 이동했다.

세계 이색호텔 중 하나로 우루밤바 지역 신성계곡 400m 높이 절벽에 매달린 스카이롯지! 그곳에서 별 보며 하룻밤 자보는 게 버킷리스트 1호였지만, 뭐 꿩 대신 닭이라도 잡는 게 어디냐 싶어 절로 입 꼬리가 올라간다. 캠프에 도착하니 올라갈 준비를 하는 팀이 있고 이미 올라가는 사람들도 보인다. "쫌 위험할 수도 있으니 조심해라, 책임 안 진다……. 그래도 할래?" "오케이~" 사인하고, 행동하는 요령을 간단히 익혔다. 출발 전, 폼 잡고 사진 한 장 찍었다. 그저 좋았다.

출발하고부터 스카이롯지 도착할 때까지는 안타깝게도 내 사진이 하나도 없다.

아주 작은 배낭을 하나 메고 갈 걸 그랬다. 거기에 중요한 거랑 물이랑 핸드폰을 넣어갔음 좋았을 걸. 같이 가는 여자들 둘이 몽땅 다 짐을 내려놓길래 나도 따라했더니 갸네는 남친, 남푠 대동하고 짐은 남친들이 함께 가져가는 거였다.

내 남푠은 어디에…….ㅠㅠ

스타이롯지 사진 보여주며 나누던 남푠과의 대화가 떠오른다.

나: 요런 호텔 한 번 가보고 싶지 않어?

남푠: 엥? 자다 떨어져 죽어, 이 사람아.

나: 같이 갈래?

남푠: 난 무서워. 너나 가.

내가 혼자 점점 씩씩해져갈 수밖에 없는 이유다.

같이 올라간 울 팀 6명 중 내가 젤 나이가 많았다. 컨디션을 회복했다고 해도 젊은 사람들의 올라가는 속도를 따라잡는 건 쉽지 않았다. 하지만 줄 하나에 중심을 잡고 아슬아슬 옆으로 지나가야 하는 구간은 오히려 내가 주저함 없이 거뜬하게 지나갔다. 모두들 나한테 엄지척을 했다.

폽, 이깟 게 뭐 대수라고.. ㅎㅎ.

난 겁대가리 상실하고 산 지 쫌 됐어요.

비아페라타로 드뎌 스카이롯지에 입성하고 나서 내 스스로에게 엄지척!!!

간단한 중요 물품과 내 핸드폰은 스텝이 자기배낭에 넣어서 올라왔다.

음식과 음료는 예약할 때 몇 가지 선택지가 있었다. 내가 선택한 음식들이 코스요리처럼 나왔다. 씨원한 맥주와 영양 만점 느낌 스프를 싹싹비워내고 다시 내려갈 힘을 얻었다.

화장실을 가려면 다시 헬멧 쓰고 좁은 통로로 내려가야 한다. 화장실이 넘나 궁금해서 내려가 봤다. 내 볼일은 화장실과 바깥 풍경 사진 찍어대는 거였다.

점심 식사를 다 마친 후에는 짚라인을 7번 타고 지그재그로 쑝쑝 내려오면 끝!

세계 이색 호텔 중 하나인 페루 쿠스코 절벽호텔에서, 숙박은 못 하고 단지 점심만 먹고 내려왔지만 그래도 만족감은 천 배 만 배 이상이었다. 밤새 고산증으로 끙끙 고생하며 거금 들여 예약해 놓은 이 점심을 캔슬하게 될까 봐 걱정했는데 이렇게 좋은 날씨에 무사히 잘 다녀와서 스스로 어찌나 대견하던지!!!

이제 마추픽추로 향하여 출발!

굳세어라, 구쎌~

둘. 페루레일, 술값을 낸 자에 대한 예의

페루 쿠스코에서 마추픽추 가는 방법은,

❖ 도보: 2박 3일, 3박 4일 잉카트레일

❖ 기차: 쿠스코 산페드로역 → 아구아스칼리엔테스역

❖ 버스 + 기차: 오얀따이땀보까지 버스, 아구아스칼리엔테스까지 기차

❖ 버스 + 도보: 히드로일렉트로니카까지 버스, 아구아스칼리엔테스까지 도보 등등 뭐 여러 루트가 있다.

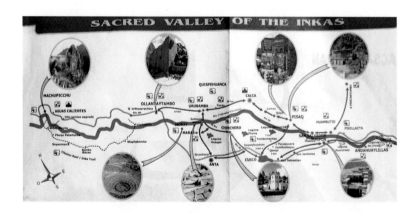

여행사 1박 2일 상품은 버스 + 기차 + 숙박으로 주로 피삭, 친체로, 모라이, 살리네나스 염전 등도 두루두루 함께 관광한다. 난 오얀따이땀보에서 아구아스칼리엔테스 마을까지 부자 행세하며 페루레일을 타고 직빵했다. 절벽호텔 스카이롯지가 오얀따이땀보에 훨씬 가깝게 있어서 굳이 다시 쿠스코 시내로 돌아갈 필요가 없었다. 오얀따이땀보 역 근처에서 차량이 붐볐다. 스카이롯지 팀의 벤 기사가 어딘가 뒷골목 주차장에 벤을 주차한 뒤 걸어서 내 배낭을 메고 역까지 안내해 주었다.

오얀따이땀보 역에 도착하니 오후 4시다. 기차는 7시에 떠나는데 다시 나가서 돌아다니자니 귀찮기도 하고, 낮에 힘좀 썼더니 피곤하기도 해서 대합실에서 커피 한 잔 마시며 걍 쉬었다.

　나도 저 개처럼 퍼질러 자고 싶었다. 개가 개부러웠다.

　오는 기차 가는 기차, 오는 사람 가는 사람들 구경하는 재미도 있었다.

　마추픽추로 가는 교통수단 중 배낭족 사이에서 부자 루트로 통하는 페루레일. 쓰는 만큼 번다. 돈을 쓰는 만큼 체력을 번다고 위안한다. 남미에서는 예약한 기차나 버스를 놓치는 경우는 있어도 잘못 타고 갈 일은 없는 것 같다. 거의 탑승할 때 이름을 확인하기 때문이

다. 페루레일도 물론 여권과 표를 일일이 다 확인한다. 거금 들어 탄 페루레일은 벽화처럼 기차 내부에 그림이 그려져 있다.

출발 시간이 다 되어도 앞자리 옆자리에 사람이 안 타길래 은근히 타지 마라 타지 마라 기도했다. 편하게 좀 가볼까 싶어서다. 그러나 정~반대의 상황이 발생했다. 미국 캘리포니아에서 왔다는 친구들. 음악을 좋아한다나…….

글고 맥주의 진리는 페루 쿠스케냐도 아니고 일본 아사히 맥주도 아닌 한국의 하이트 맥주라는 젊은이들. 세 명 모두 이름을 다 말했는데 왼쪽에서 두 번째 필립만 기억한다. 왜냐면 술값을 냈기에! 술값을 낸 자에 대한 예의다.

내가 가르쳐 준 "건배"를 외치며 다같이 짠짠짠 하다 보니 두 시간이 금방 지나갔다. 9시가 쬐끔 넘어서 마추픽추가 있는 아구아스 칼리엔테스 마을에 도착했다.

　쿠스코에서 아침에 부킹닷컴으로 예약한 숙소 안디노호텔. 1인실로 1박을 예약하고 갔는데 추가로 하루 연장해서 2박을 하겠다고 하니까 이리 널널한 방을 내주었다.

　마추픽추고 뭐고 일단 자고 나서 생각하자~

예매의 날

숙소 안디노호텔에서 준 아구아스 칼리엔테스 지도

마추픽추 입장권 매표소는 메인광장(parque principal) 근처에 있다.

2019년 10월 11일 10시 입장권
(9시 입장권은 매진되었다고 해서
10시 걸로 끊음)

마추픽추 입장권 구매 인터넷 사이트

www.machupicchu.gob.pe

마추픽추는 입장 시간과 입장 인원을 제한하고 있다. 하루 입장객
은 2,500명이다. 와이나픽추(2,682m)와 몬타냐 마추픽추(3,082m)는
하루 입장 인원이 각각 400명이다. 특히 와이나픽추는 일찌감치 예
약이 꽉 차는 경우가 많으니 예약 사이트에서 실시간으로 현황을 알
아보는 게 좋겠다. 난 그냥 잉카 마추픽추(2,453m)만 갈 생각이라 현
지에서 예매했다. 입장 후 둘러보는 시간은 4시간으로 제한적이다.

잉카레일 티켓 구매 사이트

www.incarail.com

아구아스 칼리엔테스에서 오얀따이땀보까지 잉카레일 + 쿠스코
산페드로역까지 리무진버스 예약 완료.

업어가도 모를 정도로 거의 까무라쳐 자고 일어나니 12시가 다 되
었다. 밤 12시가 아니라 해가 중천에 뜬 대낮 12시. 인천을 출발한
후 지구 반대편으로 날아온 엄청난 비행, 도착한 날 밤 고산증 증세
로 고생, 암벽 타며 절벽호텔 점심, 그리고 바로 페루레일을 타고 도
착한 마추픽추 아랫동네 아구아스 칼리엔테스. 이렇게 강행군을 했

으니 피로가 쌓여 있을 수밖에.

숙소 프론트에 세탁물을 맡기고 대충 식사를 하고 오후 3시쯤에야 슬슬 마추픽추 입장권 예매를 하려고 나섰다.

아구아스 칼리엔테스 마을에서 마추픽추 입장하는 데까지 셔틀버스 편도 12달러. 내려올 때는 약 1시간 정도 걸어 내려올 생각에 일단 편도로 끊었다.

(생각은 이랬는데 결국은 담날 위에서 티켓 끊고 타고 내려옴ㅎㅎ.)

마추픽추로 가기 위해선 꼭 거쳐야 하는 산 아랫동네 아구아스 칼리엔테스. 동네가 작아도 있을 건 다 있다. 어슬렁 어슬렁 여기저기 기웃거리다가 숙소로 돌아왔다. 낮에 맡긴 세탁물이 이쁘게 개어져 왔다. 집 나오니 밥 걱정, 빨래 걱정 안 해도 되고 참말로 좋다.

히드로일렉트리카까지 걸어갈까, 아님 오얀따이땀보 마을도 예쁘던데 거기까지 기차로 가서 하루 쉬어갈까……. 쿠스코로 돌아갈 때는 뭔가 다른 방법으로 가려고 검색창을 두드리다가 한밤중에 갑자기 바빠졌다. 잉카레일 사이트에 들어가서 다음날 표를 검색해 보니 원하는 시간뿐 아니라 그다지 원하지 않는 시간까지도 오얀따이땀보까지만 가는 단일 기차표는 이미 매진이다. 그 다음날도 마찬가지다. 하긴 마추픽추 관광객 생각이 거의 비슷비슷하겠지. 동선도 비슷하고.

이것저것 따지고 재다가 괜히 발 묶일까 봐 맘이 급해졌다. 할 수 없이 다음날 오후 7시 아구아스 출발, 오얀따이땀보까지 잉카레일로 가서 그곳에서 리무진버스를 타고 쿠스코 산페드로역에 밤 11시 도착하는 짬뽕표로 끊었다.

　그리고나서 늦게 체크인이 가능한 숙소를 찾아 또다시 예약사이
트를 뱅뱅 돌려야 했다.

　예매로 시작해서 예매로 끝난 예매의 날이다.

여권 사증에 마추픽추 스탬프 찍다

마추픽추 푸에블로 (아구아스 칼리엔테스 2,040m)

잉카 마추픽추 유적지 (2,453m)

와이나픽추 (2,682m)

몬타냐 마추픽추 (3,082m)

Puente inka = Inka Bridge 잉카 다리

Inti Punku = Sungate 태양의 문 (2,720m)

마추픽추 보러 가는 날! 간단히 조식을 먹고 날씨를 확인하러 나
가 보니 어젯밤까지 말짱했는데 부슬부슬 비가 내리고 있다. 어쨌거
나 큰 배낭과 짐은 숙소에 맡겨 두고 10시 입장시간이지만 8시가 좀
넘은 시간에 일찌감치 나섰다. 이미 마추픽추로 가는 셔틀버스 대기
줄이 꽤 길었다. 줄 끝으로 가서 섰다. 옆에 있던 한 남자가 자기 버
스 티켓의 확인 도장을 보여주면서 그걸 나도 찍어야 하니 자길 따
라오라고 했다. 의심이 많은 나는 못 들은 척했는데 잠시 후 정말로
스탬프를 든 요원이 왔다.

안내 요원은 서틀버스 티켓에 스탬프를 찍어주며 내 입장권의 시간도 확인했다. 그리곤 그 줄은 9시 줄이라면서 10시 대기 줄로 안내해 줬다. 그 담부턴 가라는 대로 가고 타라는 대로 타면 되었다. 다행히 비는 깔끔하게 멈추고 쨍쨍한 날로 바뀌었다.

서틀버스는 구불구불 산길을 약 20분 정도 올라갔다. 오디오 설명을 들으며 마추픽추 유적지를 구석구석 둘러볼 수 있는데 난 어차피 들어도 못 알아들으니 걍 패쓰.

세계 7대 불가사의, 잃어버린 공중 도시, 태양의 도시, 잉카인의 수수께끼 도시. 수많은 이름이 붙여진 마추픽추는 다른 곳에도 설명이 차고 넘치므로, 그리고 솔직히 말하자면 내 지식이 짧아 잘 모르므로 설명 패쓰.

암튼 여기도 쿠스코보다는 낮지만 한라산보다 높은 지대라는 것 잊지 말자. 응급 상황이 발생하지 않도록 체력 안배를 잘 해야 한다.

태양의 문 INTIPUNKU(SUNGATE) 고도 2720.56m!

소수점 아래 두 자리까지 고도가 나와 있다. 내가 산에 다니면서 이렇게 세밀한 고도를 본 적이 있었나??? 잉카의 후예다운 정교함을 뽐내는 건가…….

사과 같은 내 얼굴 ♬…이 아닌, 내 얼굴 대신 사과를 놓고 인증샷 찍어대며 혼자 즐거웠다. 마추픽추 역사보호구 안에는 화장실도 음식점도 아예 없다. 물 이외에 음식물 반입이 원칙적으로는 금지되어 있지만 간단한 에너지바와 사과 두 개 가져갔다. 물론 쓰레기는 절대 버리면 안 된다.

태양의 문에서 시간을 너무 지체한 탓에 잉카 다리까지 다녀올 시간이 부족했다. 아쉬웠지만 그냥 메인 유적지도 허겁지겁 보고 나왔다. 시간 맞춰 다 나와서 보니 굳이 관람 시간 4시간 원칙을 그렇게 정확히 지키지 않아도 됐을 걸 하는 생각에 잉카다리를 못 갔다 온 아쉬움과 후회감이 급 밀려왔다. 재입장 불가니 아쉬워도 뭐 어쩔 수 없었다. 꽉 막힌 나 자신을 탓할 수밖에…….

출구에 나오면 여권 사증에 기념 스탬프를 찍어주는 곳이 있다.

사증에 함부로 스탬프를 찍으면 여권 훼손죄로 불이익을 당할 수도 있다고 한다. 근데 직원이 많은 사람들 여권에 직접 스탬프를 찍어 주는 걸로 봐서 뭐 엄청난 죄는 아닌 듯하여 나도 여권 사증에 과감히 콱 받았다.

난 호텔에 짐을 맡기고 왔지만 여기도 유료 짐 보관소는 있다. 내려올 땐 1시간 정도 걸어 내려올 생각에 셔틀버스를 편도로만 끊었는데 시간에 쫓겨 너무 급하게 다녀왔는지 어지럽기 시작했다. 국기들 쫘라락 걸려있는 식당에 들어가서 물이랑 콜라를 시키고 앉아있다가, 아주 잠깐 엎드려 있었는데 기절하듯 분 단위 잠을 잤던 것 같다. 미련 없이 다시 셔틀버스 티켓을 끊고 마을로 고고~.

숙소에 맡겨 놓은 짐을 찾은 뒤 역 근처 식당에 들어가 만만한 햄버거를 시켰다. 쿠스코로 돌아갈 잉카레일 시간까지 킬링 타임 힐링 타임. '기차는 7시에 떠나네'.
여권과 예약 결제 카드를 보여주고 잉카레일 티켓을 받았다. 티켓 밑에 BUS 1이라고 써 있었는데 이건 오얀따이땀보에서 쿠스코로 갈 때 타고 갈 버스 번호란다. 기차는 적당히 사람들 많이 움직이는 대로 따라 타면 된다. 헷갈리면 안내 직원한테 티켓만 내밀어 보여도 다 알려준다.
잉카레일은 비포장도로를 달리는 것 같았다. 간단한 스낵이랑 음료를 주는데 얼마나 기차가 요동치는지 커피가 다 쏟아지려 했다. 갈 때 페루레일도 그랬었나??? 그땐 전혀 못 느꼈는데??? 술 마시느라 몰랐나???

　아구아스 칼리엔테스에서 출발한 잉카레일은 두 시간 정도 달려서 오얀따이땀보 역에 도착했다. 일단 사람들 따라 밖으로 나갔다. 좀 튀는 잉카레일 건물 옆 주차장, 앞 유리창에 큼지막하게 번호를 써 붙인 버스들이 몇 대 있었다. 그 중에 타고 갈 버스 번호를 확인하고 탔다. 물론 갸네도 내 표를 확인하고 태웠다. 잉카레일 연결 리무진버스는 오얀따이땀보 역에서 쿠스코 산페드로 역까지 2시간 정도 무정차로 갔다.

　쿠스코 산페드로 역에 11시쯤 도착하니 앞에 택시가 쫘르륵 서 있었다. 하지만 난 우버 택시를 불러서 숙소로 갔다. 내가 숙소 벨을 누르고, 안에서 불이 켜지고, 사람이 나오는 것까지 보고, 그제서야 택시는 빵 하고 손을 흔들고 갔다. 숙소 거리가 가까워 6.21솔(약 2,200원)이 자동 결제되었는데 한밤중 안전하게 데려다준 고마움에 팁 5솔(1,800원)을 눌러줬다.

우버 만만세였다. (모든 우버 택시가 다 친절하고 안전한 건 아니었다. 다음날 우버를 불렀을 땐 제때 안 와서 일반 택시를 타고 갔다. 그담부턴 뭐든지 복불복이구나 생각하고 주로 일반 택시를 그냥 세워서 타고 다녔다.)

암튼 숙소에 안전하게 잘 도착했으니 일단 또 자고 보기!

하나. 볼리비아홉 버스 예매

VIEW MORE PASSES FROM LA PAZ

OR

VIEW DAY TRIPS FROM LA PAZ

DEPARTURE FROM CUSCO

MOST POPULAR PASSES

CUSCO TO LA PAZ

For those who want to cross the border and see Titicaca

minimum time: 24 hours **$59**

MORE INFO

BOOK NOW

4 STOPS INCLUDED

CUSCO TO LA PAZ TO LIMA

For those who want to visit Bolivia and go all the way

minimum time: 10 days **$219**

BOLIVIA HOP

RESERVATION ID: 651817

RESERVATION ID	FIRST NAME	LAST NAME	PASS	PRICE
651817	KEUMSOON	EOM	CUSCO - PUNO - COPACABANA - LA PAZ	$9.00

RESERVATION ID - USE TO ACCESS YOUR HOP LOGIN TO CHANGE BUSES AND PICKUP LOCATIONS

STARTING PICK UP LOCATION: BOLIVIA HOP TERMINAL, AVENIDA ALAMEDA PACHACUTEC 499B

PICK UP TIME: FROM 21:30 TO 21:30

(You MUST be ready at this location at the EARLIEST time shown above, if not the bus may depart without you)

BUSES BOOKED BASED ON RECOMMENDED ITINERARY

NOTE: You are booked on all of the below buses if you do not change them, and then subsequently don't show up for a bus, that leg of your trip will be cancelled. You can login any time to view your reservation. Change buses and pick up locations **UP TO 12 HOURS BEFORE** any scheduled departure. If you have a set plan, we recommend you change your itinerary in advance to guarantee seats.

ROUTE	DEPARTURE DATE	ARRIVAL DATE	PICKUP LOCATION AND TIME
CUSCO - PUNO	12/10/2019 10:00 PM	13/10/2019 6:00 AM	21:30 - 21:30 BOLIVIA HOP TERMINAL, AVENIDA ALAMEDA PACHACUTEC 499B
PUNO - COPACABANA	13/10/2019 8:30 AM	13/10/2019 1:30 PM	SELECT LOCATION
COPACABANA - LA PAZ	13/10/2019 6:00 PM	13/10/2019 10:30 PM	17:45 - 18:00 WHITE ANCHOR

IMPORTANT NOTES:

- **SELECT LOCATION** - If your pick up location states SELECT LOCATION it means you have yet to decide where the bus will pick you up. You must update this at least **12 HOURS BEFORE** the departure time of that bus or you will miss the bus.
- **ON HOLD** - If any of your bus departure dates are ON HOLD then you are not currently booked on any bus for this section of the trip. You must login and book your seat onto your desired bus **AT LEAST 12 HOURS BEFORE** the planned departure. Seats are subject to availability.
- **PICK UP TIME** - If you must be ready at your selected pick up location from the **EARLIEST** time detailed. Our guide will come around any time within the assigned time window to collect you. If you are not ready on time you will miss your bus. For hotels/hostels be waiting around reception and check-out in advance. Our bus cannot wait on people who are not ready.
- **GROUP BOOKINGS** - If you reserved as part of a group, any update via the Hop Login will be applied to all reservations within your group.

볼리비아홉 버스 사이트: https://www.boliviahop.com

볼리비아홉 버스 경로:

페루 쿠스코 출발 - 푸노 - 볼리비아 코파카바나 - 라파즈 도착

예약한 볼리비아홉 버스 시간:

페루 쿠스코 12일 오후 10시 출발 - 페루 푸노 13일 오전 6시 도착, 조식 후 우로스 섬 투어 2시간(선택) - 푸노 오전 8시 30분 출발 - (페루-볼리비아) 국경 통과 - 코파카바나 오후 1시 30분 도착, 중식, 태양의 섬 투어 4시간(선택) - 코파카바나 오후 6:00 출발 - 라파즈 숙소 13일 오후 10:30 도착(라파즈 숙소 앞에서 내려준다.)

둘. 12각돌 모서리를 확인하다

아침에 일어나 보니 컨디션이 좋다. 야간버스를 타고 가도 되겠다 싶어서 일어나자마자 볼리비아홉 버스를 예매했다. 예매한 볼리비아홉 쿠스코 → 라파즈 경로 버스는 밤 10시에 쿠스코를 출발해서 다음날 페루 푸노와 볼리비아 코파카바나를 경유하고, 밤 10시 30분쯤 볼리비아 라파즈 숙소 앞까지 데려다 주는 버스다.

다음날 라파즈에서 묵을 숙소도 예약했다. 간단한 아침을 먹고 짐은 숙소에 맡기고 홀가분하게 시내 구경에 나섰다. 아르마스 광장 쪽으로 방향을 잡고 시장과 거리를 구경하며 천천히 걸어갔다. 가로세로 낱말 맞추기에 열중하는 노점 아줌니 모습이 사뭇 진지하시다.

잉카제국의 수도였던 쿠스코의 아르마스광장이다.

왼쪽은 쿠스코 대성당(La Catedral), 오른쪽은 라 꼼빠니아 데 헤수스 교회(La Compania De Jesus)

잉카 제국의 정교한 석축 기술을 알 수 있는 12각돌.

모서리가 12개 맞나 확인해 보자. 하나, 둘, 셋, 넷…. 맞네.

12각돌은 쿠스코 대성당(La Catedral)을 마주봤을 때 오른쪽 옆길,

일방통행으로 내려오는 차들을 거슬러 걍 쭈~욱 직진으로 올라가다

보면 있다. 촌스럽게 요런 화살표를 넣었단 얘기는 간단한 이 길을

놔두고 또 헤매고 돌아다녔단 얘기다 ㅎㅎ.

　아날로그와 디지털의 짬뽕 세대인 나는 아날로그 피가 아직 더 많

이 흐르는 세대라서 구글맵 켜고 다니는 게 습관이 안 되어 있다. 구

글맵 켜는 자체를 잊어버리고 다니다가 결국 헤매다 지치면 아차

차… 그제야 생각하기 일쑤다.

　누군가의 블로그에서 대성당 옆길이란 말을 보고 옆길로 들어섰긴

했다. 그게 엉뚱한 쪽 옆길이었을 뿐이지. 덕분에 골목골목을 더 많

이 들여다보고 시내가 내려다보이는 높은 곳까지도 가본 건 덤이다.

　12각돌 찾아 삼만 리를 돌아다닌 후에 한식당 사랑채를 갔다. 국

물이 그리워 라면과 김치전을 시켰는데 직원이 잘못 전달받아 김치

찌개와 김치전이 나왔다. 이미 나온 거고, 김치찌개도 반가워 그냥

먹었다. 김치가 부드럽게 잘 익은 김치찌개를 맛있게 먹고 났더니

배가 불러 김치전이 많이 남았다. 여사장님이 포장을 해주셨다. 계산할 때 처음 주문한 라면 값으로 받겠다고 자꾸 그러셨는데 난 내 맘 편하게 먹은 값을 계산하고 왔다. 먹은 건 먹은 거니까……

당분간은 빵만 먹어도 충분히 버텨낼 힘을 비축한 느낌!

역시 한국인은 밥심!!!

아르마스 광장이 보이는 만만한 별다방 커피숍에서 커피 타임을 가진 후, 우버택시를 타고 볼리비아홉 터미널을 가보았다. 근처에 쉴

곳이 있으면 숙소에서 짐을 찾아 거기서 쉬다가 야간버스를 타려고
했다. 하지만 터미널은 터미널인데 문은 닫혀 있고, 앞은 차 빵빵 다
니는 대로라서 마땅한 곳이 눈에 띄지 않았다. 미리 가보길 잘했다.

슬슬 숙소로 걸어가서 9시까지 대실했다. 남들은 아침에 체크아
웃한 후 짐 맡기고 나갔다가 짐 찾으러 돌아와서, 다시 샤워하고 가
겠다고 부탁도 잘 한다더만, 그것도 능력이다. 난 그런 주변머리가
없어서 아예 25솔(약 9,000원)을 내고 몇 시간만 있다가 가겠다고 먼
저 제안하고, 전날 잤던 방이 아니라 새로운 방에서 당당하게 잘 쉬
었다. 줄 건 주고, 받을 건 받아야 맘 편하다.

편하게 숙소에서 쉬다가 9시가 좀 넘어 우버를 불렀는데 제때 안
와서 일반 택시를 타고 볼리비아홉 터미널로 갔다. 볼리비아홉 터미
널은 낮에는 닫혀 있어서 터미널인지 뭔지 구분이 가지 않더니 야간
버스 시간이 되니까 타는 사람들로 좀 복작거린다.

핸드폰으로 받은 예약확인서를 보여주고 놀이동산 손목팔찌 같은 띠를 받았다. 신원 확인을 하고 버스에 탑승했다. 어째 동양인은 나 혼자다. 군중 속의 고독감 따위…….

볼리비아홉 버스의 최대 장점은 영어 가이드가 꼭 동행한다는 점, 그리고 라파즈에 도착했을 때 일일이 숙소 앞까지 데려다 준다는 점이다. 무엇보다 목적지가 같은 관광객들만 타는 거라서 솔직히 맘이 한결 편안했다.

아침에 버스가 정차한 다음에야 겨우 눈을 떴다. 역시 어디서든 잠 하난 일등이다.

하나. 푸노 우로스섬 갈대 맛을 보다

지난 밤 10시에 페루 쿠스코를 출발한 볼리비아홉 버스는 달리고 달려 아침 6시, 푸노에 도착했다. 볼리비아홉 버스 예약할 때 조식과 푸노 우로스섬 투어는 신청하지 않았는데 딱히 할 것도 없고 해서 추가로 돈을 내고 합류했다.

배들이 정박해 있는 모습을 보면 바다 느낌이 팍팍 나지만 분명 이곳은 바다가 아닌 호수다.

'배는 항구에 정박해 있을 때 가장 안전하다. 그러나 그건 배의 존재 이유가 아니다.' 내가 참 좋아하는 글귀 중 하나인데 그런 의미에서 저 배들은 지금 가장 안전한 배들인 셈이다.

남아메리카의 알티플라노 고원에 형성된 호수, 세계에서 가장 높은 곳에 위치한 호수, 티티카카호수!(해발 고도 3,810m)

바다같은 티티카카 호에 있는 우로스섬은 '토토라'라는 갈대를 엮어 만든 인공섬으로 일명 '떠다니는 섬'이라고 부른다. 섬에 도착하면 가이드가 여행객들을 쪼르륵 앉혀놓고 갈대의 쓰임새라든지 이들의 사는 방식이라든지 뭐 기타 등등을 설명한다. 하얀 밑동은 식용으로도 쓰인다며 실제 갈대 하나씩을 나눠 주며 먹어보라고 한다. 무슨 맛이냐면…… 음… 니 맛도 내 맛도 아닌 밍밍한 풀 맛이다.

10솔(약 3,600원)을 추가로 주면 토토라 배를 탈 수 있다. 짧은 우로스섬 투어를 마치고 돌아오는 길가에 꽃들이 이쁘다. 우리나라와 계절도 반대인 이곳은 꽃피는 봄이다.

투어를 끝내고 버스에 돌아오니 새로 가이드가 바뀌었다. 탈 때마다 이름 확인하는 건 역시 필수. 11시쯤 페루와 볼리비아 국경 지대에 왔다. 각자 자기 짐을 다 갖고 출국 수속을 하러 갔다. 둥그런 석문을 걸어서 지나가면 거기는 이제 볼리비아. 난 서울에서 볼리비아 비자를 미리 받아서 여권만 보여주고 입국 수속을 간단히 통과했다. 볼리비아 입국 수속을 밟고 나오니 볼리비아홉 버스 안내요원이 이

름을 확인하고 타야할 버스를 알려주었다. 국경을 넘어서며 버스도 바뀌었다. 버스 탈 때는 라파즈 숙소를 묻고 짐을 실었다. 이제부터는 볼리비아! 시차도 페루보다 1시간이 빠르다. 페루, 빠이빠이~

말만 '나 홀로 남미 자유여행'이지 다니다 보니 실은 반이 패키지 여행 삘이다. 물 반 고기 반이다.

둘. 이방인으로 본 코파카바나 전망대

티티카카호수(Titicaca lake)는 해발 고도 3,810m, 면적 8,372㎢이다. 한라산보다 두 배 정도 높은 곳에 위치한, 면적은 제주도의 네 배하고도 반이나 되는 그야말로 바다 같은 호수다. 티티카카호 서쪽은 페루에, 동쪽은 볼리비아에 속해 있다.

볼리비아홉 버스 만남의 장소는 코파카바나의 하얀 닻 앞이다. 페루 쿠스코 방향으로 가는 버스는 매일 오후 5시, 볼리비아 라파즈 방향으로 가는 버스는 매일 오후 6시, 이곳에서 출발한다. 오전에 페루 푸노의 티티카카호를 보고 국경을 넘어 오후엔 볼리비아 코파카바나의 티티카카호를 본다. 볼리비아홉 대부분의 여행객들이 태양의 섬 투어를 간 동안 난 4시간의 자유시간을 누렸다.

일단 코파카바나도 식후경이지. 쭉 늘어선 포장마차에 들어가 트루차라는 송어구이를 시켜먹고 해변을 어슬렁거렸다. 알파카와 함께 사진을 찍는 관광객들이 보였다. 리만가?? 암튼 난 전망대로 향했다.

수크레 광장 쪽에서 코파카바나 전망대(칼바리오 언덕)로 올라간다. 오르내리는 사람보다 개들이 더 많다. 이런 된장. 미쵸버리겠다. 진짜. 내 남미 자유여행은 개들 때문에 온전히 자유로울 수가 없었다. 개들과의 전쟁이었다.ㅜㅜ

〈개를 좋아하는 사람들은 절대 이해 못하겠지만 개를 무서워하는 나 같은 사람은 "우리 개는 안 물어요." 이렇게 말하는 사람들이 젤 얄밉다. 〉

코파카바나 전망대(칼바리오 언덕)에는 촛불을 켜는 곳이 꽤 있었다. 아마 무언가를 비는 곳 같다. 이곳에서도 촛불은 간절함과 염원의 상징인 듯하다.

다른 곳보다 유난히 술에 취한 사람이 많이 보였다. 그저 멋진 풍광을 보고 기분좋게 마신 술이 아닌 듯했다.

한 여인이 휘청휘청 내려가다가 주저앉더니 기어이 뒤로 넘어가며 울기 시작했다. 그 옆에서 한 남자는 아무 말 없이 어깨를 토닥여주고 있었다. 여행객인 나에게 이곳은 와~ 하고 탄성 한번 내지르고 스쳐 지나가는 곳이지만 누군가에겐 소원을 빌기도 하는 곳이고, 또

아! 줌마의 뒤죽박죽 남미 한 달 여행기

누군가에겐 슬픔을 묻어두고 삭이는 곳이구나.

느낌으로만 짐작하고 조용히 내려왔다.

안내판 바뇨(화장실)가 보인다. 아주 아주 아주 중요한 단어다. 내가 알아간 3개 스페인어 중 가장 중요한 단어다! 고맙다는 말보다, 물보다 더 중요하다. 잔돈은 필수다.

코파카바나에서 더 머물 사람은 남았고, 라파즈로 갈 사람들은 다시 버스에 탔다. 새로 타는 사람도 있었다. 볼리비아홉 버스는 라파즈를 향해 6시 쯤 넘어 출발했다. 라파즈까지 쭉 가는 게 아니라 버스도 사람도 따로따로 배를 타고 건너는 곳이 있었다. 큰 짐은 버스에 두고 중요한 것만 가지고 내렸다. 두꺼운 잠바를 가지고 내릴 걸 그랬다. 사람이 먼저 도착하고 차가 차례차례 나올 때까지 약 30분 정도 시간이 있었다. 낮에 다니던 옷차림으로 나왔다가 추워 죽을 뻔했다.

버스는 8시쯤 다시 출발해서 10시 쪼금 넘어 라파즈 숙소에 도착했다. 쌩쌩 돌아가진 않았지만 그래도 숙소에 명색이 히터라고 생긴 게 있어서 겁나게 반가웠다.

볼리비아 라파즈 대중교통수단 케이블카

볼리비아의 수도는 2개다. 헌법상의 수도는 수크레지만 라파즈(La Paz)가 볼리비아의 행정 수도이며 실질적인 수도이다. 화폐도 아직 2가지가 쓰이는 것 같다. 첨엔 위조지폐를 받은 줄 알고 깜놀했다.

라파즈의 숙소 알타비스타 식당에서 전망을 보니 가격 대비 조식도 주고 이만하면 괜찮다 싶어 아침을 먹고 내려가서 1박을 추가했다.

상가 골목을 지나 라파즈의 명물인 케이블카(텔레페리코)를 타러 나갔다. 라파즈에선 대중 교통 수단이다. 1회에 3볼(약 550원)정도로 우리나라 지하철처럼 노선도 많고 환승도 가능하다는데 난 그런 거 잘 모르니까 다른 걸로 갈아탈 땐 걍 또 끊었다. 이거 저거 다 타봐도 그래봤자 몇 천원이다. 이 정도는 쿨하게~.

라파즈는 해발 고도가 3,200~4,100m에 걸쳐 있는 세계에서 가장 높은 곳에 위치한 수도다. 빨간 케이블카를 타면 4,095m 엘알토까지 올라갈 수 있다.

'세계에서' 가장 높은 곳의 케이블카다. 남미에서는 '세계에서' 타이틀을 붙인 곳을 많이 만날 수 있다. '세계에서' 타이틀을 못 단 것들은 뭔가 축에도 못 끼는 듯하다.

보라색 케이블카를 타고 올라간 곳에서 마주한 사진전은 볼리비아의 어떤 사건인진 모르지만 왠지 우리나라에서 마주했던 것 같은 익숙한 느낌의 사진전이다.

케이블카를 맛보기로 타고 다시 숙소로 돌아왔다. 워낙 고산도시다 보니 수시로 물을 마셔 주며 천천히 천천히 걸어야 했다. 물은 꼭 가지고 다녀야 한다. 여권과 동급이다.

숙소에서 좀 쉬다가 우유니로 가는 버스표를 끊으려고 www.ticketsbolivia.com 사이트에 들어갔는데 뭐가 잘못 되었는지 결제가 안 되었다.

에라, 할 수 없지. 몸이 고달프지만 직접 찾아가서 끊는 수밖에.

구글맵에 라파즈 버스터미널(Terminal De Buses Lapaz)을 치면 되었을 텐데, 그냥 라파즈터미널 뭐 이렇게 저렇게 치니까 잡히지가 않았다. 에라, 이것도 할 수 없지. 물어물어 찾아가는 수밖에.

블로그 검색해서 노란 터미널 사진 한 장을 캡쳐했다. 그 사진을 보여주면서 어떻게 저떻게 찾아갔는데 정문이 아니고 뒷문이다. 앞문이면 어떻고 뒷문이면 어떠랴.

아! 줌마의 뒤죽박죽 남미 한 달 여행기

라파즈 버스터미널 안으로 들어갔다. 각 매표소마다 번호가 있고 주요 목적지가 크게 크게 써 붙여 있다. '우유니'라고 젤 먼저 눈에 띈 18번 매표소에 가서 다음날인 10월 15일 밤 9시에 출발하는 야간버스 표를 끊었다. 의자가 뒤로 180도 젖혀지느냐 아니냐에 따라 이름도 다르고 가격도 물론 다르다고 한다.

하지만 '난 그런 거 몰라요. 아무 것도 몰라요♬' 노랫말처럼, 까마인지 풀까마인지 그런 거 상관없이 날짜와 시간만 얘기했다. 100볼(약 18,000원)이라길래 걍 그걸로 오케이. 표 끊기 참 쉽다.

표를 끊고 나와서 뒤돌아봤다. 내가 캡처해서 보여주며 길을 물었던 터미널 사진, 노란 라파즈 버스터미널(Terminal De Buses Lapaz)이 그제야 보였다.

란자시장(Mercado Lanza) 건물 안의 상점들은 많이 닫혀 있었다. 란자시장을 한 바퀴 돌아보고 산프란시스코 광장으로 나와 길거리 음식과 음료들을 사먹으며 숙소로 돌아왔다. 자다가도 숨이 답답해서 절로 잠이 깨는 고산 도시다.

깰 때 깨더라도 두 다리 쭉 뻗고 잘 수 있을 때 열심히 자 두자.

인증샷 찍기 좋은 빨강 케이블카

숙소가 마녀시장(주술시장)에 위치해 있어서 숙소 밖으로 나오면 바로 가게들을 마주칠 수 있다. 관광 기념품 가게 사이사이로 동물 미라가 많다. 얼핏 보면 이쁜 인형 같은 것들도 있다. 이들에겐 부적과 같은 역할을 하는 모양이다. 생약초를 파는 곳도 유난히 많이 보인다.

우유니행 야간버스를 타는 날이다. 숙소에 배낭을 맡겨 놓는 것보다 아예 터미널 짐 보관소에 맡기고 돌아다니는 게 맘 편할 거 같아서 택시를 타고 라파즈 버스터미널(Terminal De Buses Lapaz)로 갔다. 지나가는 택시 잡아타는 건 이제 아주 자연스럽다.

짐 보관소가 평범한 가방가게처럼 보였다. 화장실 바로 앞에 있는 짐 보관소에 배낭을 맡겼다. 터미널에서 나와서 눈에 보이는 주황색 케이블카를 쳐다보며 정류장을 찾아갔다. 노선표 같은 건 없다. 당연히 어디로 꼭 가야겠단 생각도 없다. 주황색 케이블카를 내내 쳐다보며 갔는데 옆에 빨강색 케이블카 정류장도 있었다. 주황색과 빨강색 합류지점이었던 것이다. 내가 탄 건 빨강 케이블카. 사람 마음 바뀌는 건 순식간이다. 특히 내 마음은……

빨강 케이블카가 조금 올라가자마자 납골당이 보인다. 빨강 케이블카(텔레페리코)를 쭉 타고 올라가면 인증샷 찍기 딱 좋은 곳이 있다.

엘알토 El Alto 4,095m!!!

라파즈 시내를 내려다보며 한가하니 여유 즐기기에 안성맞춤인 곳이다.

빨강 케이블카 아래 지점엔 라파즈(LaPaz) 3,689m 인증 지점이 있다. 이 사실은 나중에 한국에 돌아와서 사진 정리하다가 우연히 발견한 거다. 알았다면 모서리에 놓고 찍었을 리가 없겠지.

내 여행 스타일에 대해서 '갔다 온 후에 아, 그곳이 그랬냐며 머리를 치는 사례가 많이 생긴다.'고 내 잇님이 평가를 했는데, 맞다. 딱

엘알토 4,095m 지점

지대로 짚었다.

아래 지점 사진은 일단 찍어놓고 본 풍경 사진에 한 귀퉁이 얻어 걸리기라도 했지, 바로 옆에 두고도 그냥 지나쳐서 머리를 치고 땅을 치는 사례가 사실 한두 번이 아니다.

말 안하면 이곳이 4,000미터가 넘는 고지대 마을이라고 누가 믿을까.

빨간 라인 케이블카 꼭대기는 파란 라인 케이블카와 합류지점이었다. 남는 게 시간인 난 이번엔 파랑 케이블카를 탔다.

라파즈 대중 교통수단인 케이블카를 타고 만난 현지인들은 여행객인 나를 신기해하는 듯했다. 혼자 자유여행하는 내가 참 부럽다고 하던 은행원 아가씨, 자연스럽게 포즈 잡아주던 아저씨, 잠깐씩 스치는 사람들이지만 대체적으로 코리아에 대한 이미지가 엄청 좋다는 걸 느낀다. 파랑 케이블카는 꽤 길었는데 산발인 여인이 들어와 깔끔한 워킹우먼처럼 변신해서 나가는 매직 공간이기도 했다.

파랑 케이블카를 타고 가다가다 보니 거의 끝 지점에서 커다란 장이 열리고 있었다. 여긴 무조건 내려서 봐야 해.

내리자마자 시끌벅적 사람들 소리와 경적 소리에 귀가 아플 지경이었다. 외관도 소리도 압도적으로 요란해서 시선을 한방에 받고 지나가는 차가 있었다. 귀는 아팠지만 눈은 즐거웠다. 먼지가 많이 날수록 구두닦는 곳은 성업이다.

시장 구경을 느긋하게 하고, 다시 거꾸로 케이블카를 타고 왔다.

케이블카에서 내려서 눈에 익은 거리들을 어슬렁어슬렁 걸어갔다. 지나가다가 우리집 베란다에 있는 휴지통과 똑같은 게 있어서 휴지통들을 쫘륵 찍었다. TV 프로그램 '아는 형님'에 나오는 사람들 보면 별걸 다 퀴즈처럼 내던데…

구쎌네 집 베란다에 있는 휴지통은 과연 어떤 걸까요???

유명해지고 볼 일이다.

버스터미널 짐 보관소에 맡긴 짐을 찾은 뒤, 스쳐가는 여행객과 서로의 야간버스를 기다리는 중, 그녀가 자기 인스타를 보여줬다. 이번 여행 중에 만난 외국 젊은이들은 하나같이 다 인스타 있냐고 묻더라. 달랑 사진 세 장 있던 내 인스타가 그럴 때마다 삼만 장 역할을 했다.

시간이 다 되어 매표소 직원이 나와서 버스 타는 곳으로 안내했다. 버스에 타니까 또 다른 사람이 올라와 인당 2.5볼씩 걷어갔다. 이층 자리라서 일층에 있는 화장실 가려니 참 귀찮았다. 그래도 생각보다 잘 자고 일어났다.

전날 밤 9시에 출발한 우유니행 야간버스는 오전 6시쯤 도착했다. 예약해 놓은 레시엘듀우니 숙소에서 고맙게도 얼리 체크인을 해주었다. 게다가 업그레이드된 방으로~. 베리베리 땡큐다.

컨디션도 괜찮으니 슬슬 나가서 우유니 투어 예약하고 한식당 가서 밥이나 먹어야지……

아! 줌마의 뒤죽박죽 남미 한 달 여행기

우유니사막 데이 & 선셋 투어

라파즈에서 야간버스를 타고 우유니에 아침 6시쯤 도착했다. 얼리 체크인해 준 숙소에서 좀 쉬다가 투어 예약을 알아보려고 나갔다. 동네는 그리 크지 않아서 여행사가 몰려있는 곳을 쉽게 찾을 수 있었다. 우유니 투어는 보통 4명 이상이 팀을 이뤄서 가는 시스템이었다. 뭐 돈이 허벌나게 많으면 혼자도 갈 수야 있겠지만서도.

우리나라 사람들한테 많이 알려진 오아시스여행사에 먼저 갔는데 16일이나 17일 데이 & 선셋 투어 예약자가 없었다. 그리고 딱히 한국인 우대라는 느낌을 받지 못했다.

그 근처 호다카마운틴 여행사에 혹시나 하고 들어가 보았다. 마침 막 출발하려는 5명 팀이 있는데 한국인도 2명 포함되어 있다면서 그 팀에 합류해도 된다고 한다. 오아시스에서가 아니라 정작 호다카에서 한국어로 투어 일정 설명을 들었다. 우리말로 설명을 해준 사람이 호다카 정식 직원은 아닌 것 같았지만 아무래도 상관없었다. 암튼 타이밍이 끝내줬다. 그때 시간이 10시 30분, 이미 차가 부릉부릉

대기 중이었다. 무조건 콜하고 번갯불에 콩을 구웠다.

기차 무덤, 소금 박물관, 다카르랠리 자동차 경주대회 소금기념탑을 거처 소금호텔에 도착했다. 여행사에서 준비해 준 점심을 그곳에서 먹었다.

첫인사를 '안녕하세요'로 시작해서 한국 젊은인 줄 알았는데 알고 보니 대만 젊은이다. 한국드라마도 많이 보고 서울도 몇 번이나 다녀갔다는 대만 젊은이 세 명. 그리고 신혼여행으로 온 한국의 젊은 신혼부부. 선남선녀가 딱 이들을 두고 하는 말처럼 잘 어울렸다. 이런 젊은이들 사이에서 나름 난 열심열심;; 가이드가 스냅사진 찍으며 포즈 취하라는 대로 참 잘 따라했다. 펄쩍펄쩍 뛰는 건 나이 들어 힘들었다. 그래도 영상 보면 힘이 뻗치는 거 같다. 순전히 가이드의 매직 기술력 덕분이다.

우유니 소금사막은 해발고도 3,680m의 고원 지대. 면적은 12,000㎢라니까 제주도(1,847㎢)보다 6배 하고도 반이나 된다. 운전면허 연습하기 참 좋겠다. 넓디넓디 넓어서.
자연적으로 일정하게 만들어진 거북이 등짝 모양의 소금 결정체는 볼수록 참 신기하다. 안데스 산맥의 융기 이전에 바다였다는…… 뭐 지리적인 요딴 설명을 떠나서 그냥 신기하다.

선인장 섬은 추가 옵션인데 난 패쓰. 1시간 동안 난 그냥 소금밭 한가운데 안방처럼 터를 잡고 앉아 눈 멍, 아니 소금 멍을 즐겼다.

눈밭 같은 착각이 자꾸 들었다. 왠지 엉덩이가 다 젖었을 것 같아 나도 모르게 자꾸 일어났다 다시 앉았다.

'세계에서 가장 큰 거울'이라고 불리는 우유니 소금사막. 가이드는 감독이고 여행객은 영화배우다. 인생 샷을 건지기 위해 시키면 시키는 대로 다 한다.

우유니 소금호수 일몰까지 구경한 뒤에 투어사로 컴백. 빌린 장화 반납하고 각자 자기의 여행길로 떠났다.

여기저기 동네 구경하며 숙소로 돌아오다가 한식당을 발견하고 들어갔더니 끝났다고 했다. 아쉽지만 담날 가기로~. 숙소 아래층 슈퍼에서 컵라면을 샀다. 뻐덕뻐덕 빵 쪼가리보다는 역시 뜨끈한 국물이 최고다.

자유여행이란 말이 무색하게 남미 여행은 팀 투어가 많다. 우유니 소금사막 투어 또한 팀이 이뤄져야 할 수 있다. 패키지여행과 차이라면 날짜를 내 맘대로 정하는 것뿐…….

아! 줌마의 뒤죽박죽 남미 한 달 여행기

나의 민망한 성금

야간버스를 타고 도착하자마자 우유니 데이 & 선셋 투어를 했더니 피곤이 쌓였다. 우유니 별빛 투어와 선라이즈 투어는 패쓰했다. 어떤 이들은 별빛 투어와 선라이즈 투어가 남미 여행 버킷리스트 1번이라고 하던데 난 크게 땡기지 않았다. 내 버킷리스트 1번이었던 쿠스코 절벽호텔을 또 어떤 이들은 아예 쳐다도 안 보는 것과 같겠지.

암튼 꿀잠을 자고 일어났다. 레시엘듀우니 숙소 조식도 나름 괜찮았다. 보온병에 뜨거운 물을 얻어와서 커피까지 타 마시고 나니 한결 개운했다. 밖에서 커다란 음악 소리가 나길래 내다봤더니 뭔 행사를 하는 것 같았다. 짐은 숙소에 맡겨두고 가볍게 거리로 나섰다. 건조한 날씨에 입술이 부르터서 립글로스를 하나 샀다.

우유니 마을은 시계탑을 중심으로 잡고 돌아다님 되었다. 시계탑 근처에서 무슨 행사를 준비 중인 듯하다. 또 날 위한 행사야?? 거참 안 그래도 된다니까 나라마다 난리네.

우유니 버스터미널에 갔다. 투피자 버스회사(피자 두 판?ㅎㅎ)에서 다음날 아침 6시에 비야손으로 출발하는 버스표를 예매했다. 목적지와 날짜, 시간을 정확히 확인하고 끊어야 한다. VILLAZON(비야손)이라고 쓰인 안내판의 글자와 시간을 손가락으로 콕콕 짚어주며 표를 끊었다. 백 마디 말보다 더 확실하다!

시계탑을 중심으로 돌아다니다 보니 여행사 거리를 다시 지났다. 어제 투어를 했던 호다카마운틴 여행사 간판 아래 '우유니에서 스냅사진 안 찍어본 사람 찾습니다.'라고 쓰여 있다.

행사일이라 그런지 특별한 의상을 한 사람들이 꽤 다녔다. 난 시장도 가고 그냥 이리저리 돌아다니다가 한식당을 찾아갔다. 우유니 한식당 칵투스(Kactus Restautant). 오리지날 한식당은 아니지만 그래도 우유니에서 한식을 먹다니 이게 어디냐. 그릇까지 파먹을 기세로 게걸스럽게 먹었다.

다시 행사장으로 가보았다. 무슨 행사인진 자세히 모르겠지만 춤과 노래도 하고 중간 중간 모금함을 들고 다니며 성금을 모았다. 내가 모금함에 좀 넣으니까 옆에 사람들이 막 박수를 쳐 주었다. 에구, 민망하게스리, 얼마 되지도 않는데…….

우유니 작은 마을을 왔다리갔다리 하면서 숙소도 봤는데 다 거기가 거긴 거 같아서 그냥 레시엘듀우니에서 하루 더 묵기로 했다. 전날 묵은 방은 예약이 되었다고 해서 다른 방으로 옮겼다. 이번엔 업

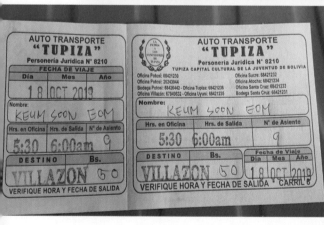

그레이드 된 트윈 룸이었다. 암튼 이 방이든 저 방이든 순식간에 어질러 놓는 소질 하난 내가 타고난 것 같다.

난 중늙은이, 비야손에서 쉬어간다

■ 우유니에서 이과수 가기: 우유니 - 비야손 - (볼리비아, 아르헨티나 국경) - 라끼아카 - 살타 - 푸에르토이과수

18일 - 우유니에서 비야손까지 (약 6시간 30분) 버스 이동 후 비야손에서 숙박

19일 - 비야손 숙소에서 국경까지 (약 10분) 택시 이동 - 아르헨티나 입국 심사 후 라끼아카로 (약 15분) 택시 이동 - 살타까지 (약 7시간 30분) 버스 이동 후 살타에서 숙박

20일 - 살타에서 푸에르토이과수까지 (약 2시간) 항공

우유니에서 이과수 가기가 난코스다.

어떻게 갈까 궁리하다가 내 체력에 맞춰 내린 결론이다!

투피자 사무실 앞에서 전날 예매해 놓은 비야손 가는 버스를 탔다. 오전 6시 쬐끔 넘어 버스는 출발했다. 중간중간 마을 터미널에 정차하면서 지나갔다. 내가 곤히 잠이 들었는데 어딘가에서 누군가

가 흔들어 깨웠다. 검문소 경찰이었다. 뭘 보여 달란 제스처에 버스
표를 보여줬더니 여권을 보여 달라고 한다. 짜식, 첨부터 말을 하지.
내가 여권이란 말 정돈 알아듣거든ㅎㅎ.

　남의 떡이 더 커 보이듯 내 앉은 자리 쪽보다 다른 쪽 풍경이 더
멋있어 보인다. 개도 사람처럼 버스를 타고 내린다. 남미에서 개는
사람과 동급 같다.

　회전교차로에 VILLAZON(비야손) 표식이 보이고 좀 지나자 시계
가 1시간이 빨라졌다. 12시 30분이 1시 30분으로 바뀌었다. 시차가
바뀌는 지점인가 보다. 시차가 바뀌고 몇 분 후 바로 비야손 버스터
미널에 도착하였다. 젊은이들처럼 바삐 움직이면 살타까지 바로 이
어서 갈만도 하겠지만 난 비야손에서 쉬어간다. 몸 사리며 다니는

중늙은이므로……

비야손 버스터미널까지 다 가서 마지막으로 내렸다. 차 한 대만 지나가도 먼지가 허리케인처럼 부는 길을 낑낑 대며 걷고 있는데, 그 모습이 불쌍해 보였는지 지나가던 차가 와서 숙소까지 태워줬다. 울 딸내미같은 젊은 처자 운전수였다. 숙소 프론트 직원하고는 통역 앱으로 의사소통을 하며 체크인을 했다.

비야손 시장 구경을 나갔다. 신발 가게랑 미장원이 유난히 많이 보인다. 근데 어딜 가도 개판이다. 나처럼 개를 무서워하는 사람이 개들에게서 자유로운 곳은 남미엔 없는 것 같다. 개를 사랑하는 사람들과 개들에겐 낙원임에 틀림없다.

숙소에 들어와 아르헨티나 항공 사이트에 들어가서 다다음날 출발할 살타 - 푸에르토이과수 항공권을 예매했다. 표가 없거나 터무니없이 비싸면 어찌어찌 버스로 갈까 생각했는데 다행히 표가 있었다. 항공권 예매 후 살타 숙소도 예약했다. 나름 또 바쁜 하루였다.

하나. 짧은 국경 다리

우유니에서 이과수까지 쉬엄쉬엄 갔다. 비야손 숙소에서 아침 7시
좀 넘은 시간에 나와 택시를 타고 "아르헨티나, 라끼아까" 하니까 찰
떡같이 알아듣고 국경 앞에 내려줬다. (10볼 ≒ 1,800원).

얼핏 한국의 주유소처럼 보이는 관문 왼쪽으로 파란 곳이 출국사
무소. 하지만 난 근처에서 환전만 하고 그냥 유유히 지나갔다. 왜?
몰랐으니까……. 그땐 몰랐으니까……. 줄 많이 서있는 환전소인 줄
로만 생각했으니까ㅎㅎ

암튼 국경 근처 환전소에서 볼리비아볼 남은 잔돈까지 다 아르헨
티나 페소로 바꾸고 넘어갔다. (100달러= 6,200페소, 130볼=1,180페소≒
23,600원)

볼리비아 출국사무소를 그냥 지나치고 다리를 건너갔다. 그 짧은
다리가 국경이다. 아르헨티나 입국사무소 직원이 뭐라뭐라 말하는

데 내가 못 알아들으니 걍 웃었다. 아마 출국 도장 왜 안 찍고 왔냐 뭐 이런 말 아니었을까, 추측해 본다. 내가 살타에서 묵을 숙소 캡처 본을 보여주니까 자판 두드려 입력하고 도장 꽝 찍어줬다. 아르헨티나여. 잘 지내보자.

입국사무소를 지나 몇 걸음 걷다 보니 택시가 좌라락 서 있었다. 비도 오고 그래서 택시를 타고 라끼아까 버스터미널로 갔다. (50페소 ≒ 1,000원)

택시에서 내리다가 핸드폰을 땅에 떨어뜨렸다. 미처 알아차리지 못했는데 근처에 있던 다른 택시 기사가 핸드폰이 떨어졌다고 알려줬다. 진짜 그라시아스. 내가 돈이 더 많으면 그 기사 택시를 타고 살타까지 갔으련만…….

고맙다는 말만 연거푸 하고 버스터미널 안으로 들어갔다.

8시 50분 출발해서 후후이를 거쳐 살타에 오후 4시 15분 도착하는 표를 끊었다. 후후이까지 470페소, 거기서 살타까지 300페소짜리 두 장으로 표를 받았다. 20페소(약 400원) 내고 버스 짐칸에 배낭을 실었다.

내 자리는 40번이었다. 40P가 창가 자린지 통로 자린지 몰라서 뒤따라 타는 현지인 청년에게 표를 보여주며 물었더니 창가자리라고 알려줬다. 잠시 후 창가 자리에 앉아 있는데 그 청년이 옆으로 와서 나랑 비슷한 단어영어로 이것저것 물었다. 서로 잘 못알아들었지만, 그는 혼자 여행하는 거 멋지다고 엄지척하며 자기 자리로 갔다.

근데 나중에야 번역 앱에 '통로(paso)', '창가(ventana)' 쳐보고 생각한 건데, 그 청년도 아마 현지인이 아니었던 거 같다. 그 청년이 잘못 알려준 거고, 그땐 몰랐으니까…… 난 아주 당연한 듯 끝까지 그 자리에 앉아 있었고…… 내 옆자리에 탔던 사람은 내가 외국인이라 말도 안 통하니까 그냥 앉아 간 것 같고…….

아르헨티나로 넘어오니 검문검색이 빡세진 느낌이다. 군복 입은 군인이 올라타서 차에 있는 사람들 신분증과 가방까지 다 뒤졌다. 물론 내 여권도 보고 가방도 열어봤다. 이넘들아, 열어봐야 뭐 없다. 냄새나는 빨랫감이나 있지.

한 청년은 아예 짐까지 들고 내려서 더 샅샅이 조사(?)를 받고 다시 탔다. 내가 자리를 물어봤던 바로 그 청년이었다. 아무래도 현지인이 아니었던 거 같다.

살타까지 가는 동안 몇 번 정차를 했다. 고도가 점점 낮은 도시로 가고 있는 게 피부로 느껴졌다. 색깔이 좀 특이한 산도 지나가고 뾰족뾰족 독특한 바위산도 스쳐갔다. 모든 풍경이 새롭다.

도착시간 오후 4시 15분에 잘 맞춰서 버스는 살타에 도착했다. 짐 찾을 때도 20페소(약 400원) 내고 찾았다. 이젠 고산병에 대해선 걱정하지 않아도 되는 아르헨티나여서 한결 맘이 놓였다.

둘. 살타 호스텔이 짝퉁이야, 호텔이 짝퉁이야

전날 예약해 놓고 온 '살타 콜로니얼 호스텔'이다. 버스터미널에서 택시를 타고 기사한테 이걸 보여주고 탔다. 그리곤 기사가 제대로 가는지, 얼마나 가면 되는지 알아보기 위해 택시 안에서 구글 맵을 켰다. 근데 내 앱으로는 아직 7분 정도 더 가야 한다고 뜨는 지점에서 기사가 목적지에 다 왔다고 했다. 내가 더 가야 하는 것 같다고 하며 맵을 보여주니까 기사는 갸우뚱하며 아까 주소를 다시 보여달란다. 그리고 다시 주소를 확인하고도 거기가 맞다고 했다. 난 좀 미심쩍은 맘으로 일단 내렸다.

Salta Colonial Hostel genius %

Avenida Belgrano 906, 살타, 4400, 아르헨티나
전화: +5493875923085
숙소에 이메일 보내기

근데 아무리 둘러봐도 호스텔 간판이 보이지 않았다. 그럼 그렇지. 더 가야 한다니까. 다시 택시를 잡아타고 이번엔 구글맵을 보여줬다. 기사가 지도를 보더니 알았다고 하며 어느 공원 옆에 내려줬다. 공원은 참 잘 꾸며 놓았다. 뭔가 이 동네는 바로 부티가 팍팍 났다. 유럽풍 도시 느낌이 들었다. 공원 구경을 잠시 하고나서 맵이 가리키는 숙소를 찾아갔다. 공원 뷰를 자랑하는 위치였고, 입구에서부터 안내하는 직원이 인사를 하며 맞았다. 22달러에 예약한 숙소가 이렇게 고급진가???

생각보다 고급 숙소여서 얼떨떨했지만 뭐 분명 콜로니얼 살타가 맞으니 당당하게 핸펀을 켜고 예약서를 보여줬다. 예약서를 보자 그 안내 직원은 이런 경우가 한두 번이 아닌 듯 친절하게 내 숙소 위치를 설명해 주었다. 내가 잘 모르겠으니 그냥 택시를 타겠다고 하니까 나와서 직접 택시를 잡아주며 택시 기사에게 주소를 자세히 설명해 주었다. (물론 알아들은 건 아니고 느낌이다.)

다시 택시를 타고 와서 내린 곳은… 엥? 처음 거기?

맞다. 터미널에서 첨에 타고 왔던 택시 기사는 주소를 보고 제대로 내려준 거였다. 길 건너 주황색 판 걸려있는 데가 입구였는데 내가 주소로 확인을 못했을 뿐이다. 괜히 잘 켜지도 않던 구글맵 앱을 왜 그때 켜 가지고 보고 있던 건지. 내가 예약한 곳은 '살타 콜로니얼 호스텔'이었는데 구글맵으로 찍은 건 '호텔 콜로니얼 살타'인 게 함정ㅠㅠ. 짜식들, 어느 쪽이 짝퉁 이름이야. 헷갈리게.

결국 버스터미널에서 숙소까지 택시를 3번 타고 왔다리갔다리 뻘짓했다는 참 쓸데없는 얘기다.

　힘들게 찾아간 '살타 콜로니얼 호스텔'에 다국적용 콘센트가 있었지만 가져온 220은 뭔가 살짝 맞지 않아서 이참저참 거리 구경을 나갔다.

　긴급하게 구입한 아르헨티나 콘센트로 간당간당하던 핸펀 배터리를 살려냈다.

하나. 방탄소년단 아닌 BTS

전날 삘짓하며 찾아가 묵었던 '살타 콜로니얼 호스텔'에서 간단한 조식을 했다. 쥔장이 무지무지 친절하고 따뜻한 물도 팡팡 나오고 다 좋은데 엄청 활발하고 커다란 개가 두 마리나 있다. 조식 마무리할 때쯤 쥔장이 통역 앱 돌려서 살타 공항까지 15km거리, 5달러에 운전서비스 해주겠다고 제의하길래 오케이. 오후 비행기라서 짐은 호스텔에 맡겨놓고 일단 시내로 나갔다.

제주도 삘 풍기는 공원을 지났다. 전날 잘못 찾아갔던 호텔 앞 공원까지 급한 거 없으니 슬슬 걸어갔다. 호스텔과 이름이 비슷해서 착각했던 그 '살타 콜로니얼 호텔' 앞쪽에 BTS라고 써있는 게 있었다. 방탄소년단??ㅎㅎ

알고보니 BTS는 살타 시티투어 버스(Bus Turistico Salta)였다. 마침 11시에 출발하는 버스가 있는데 2시간이 걸린다고 했다. 내 남은 시간에 깔맞춤이어서 냉큼 올라탔다. 2시간 동안 이런저런 곳을 갔다. 커다란 보라색 꽃나무가 이뻤다.

생각지도 않았던 살타 시티투어 버스로 짧은 시간 편하게 살타를 둘러보고 숙소에 갔다. 마나님과 탱고 추는 걸 좋아한다는 쥔장이 살타 공항으로 데려다 줬다. 전날 체크인할 때부터 조식에 나오는 음료수 종류까지 하나하나 다 말해 줄 정도로, 투 머치 토커 박찬호를 능가하는 쥔장. 여행객을 배려하는 마음이라고 생각한다.

둘. 아르헨티나 항공권, 난 양심적이었다

아르헨티나 항공 국내선 시스템, 내가 얻은 결론: 페소로 결제창이 뜨면 아르헨티나 내국인용. 달러 결제창이 뜨면 외국인용. 살타-이 과수는 페소로, 이과수-부에노스는 달러로 결제하고 내린 결론임. 거주지를 United States(English)로 들어가서 진행하다 보면 나중에 코리아 선택하는 란 나옴.

3시 55분 비행기인데 공항에 좀 서둘러 갔다. 사실 내가 끊은 비행기 표가 아르헨티나 내국인용이라는 포스팅을, 이미 표를 끊은 다음에 봤기 때문이다. 난 아르헨티나 항공 시스템에 대해서 확실히 몰랐다. 내가 완벽하게 다 알고 다니면 뒤죽박죽 아줌마가 아닐 터.

근데 블로그들을 보다 보니 아르헨티나 자국민을 위한 저렴한 티켓이 있고, 좀더 비싼 외국인용이 따로 있다고 했다. 만약 외국인이 내국인용으로 끊었다가 걸리면 뭐 패널티가 어쩌고저쩌고…멘탈 붕괴되니…어쩌고 저쩌고 쓰여 있다. 아예 모르면 속 편했을 텐데 알고는 또 찜찜해서 그냥 모른 척할 수도 없었다. 그래서 자초지종을 말하고 추가 요금을 내려고, 그러려면 절차가 좀 있을 것 같아서 좀 서둘러 간 거였다.

"나 엊그제 표… 근데 잘못……. 나 외국인……." 근데 갸네가 내 짧은 단어영어를 못 알아먹었다. 여권이나 일단 보여 달란다. 여권을 보여주니까 그냥 티켓팅을 해줬다. "노 프라블럼?" "오케이?" 내가 자꾸 물으니까 뭘 자꾸 귀찮게 말을 하냐는 눈치로 오케이란다. 가란다. 돌아서 오는데 다시 날 불렀다. 그럼 그렇지 하고 다시 갔더니 올려놓았던 배낭 가져가란다. 걍 부칠 거라고 했더니 딱지 붙이고 내 티켓에도 붙이고 이제 진짜 가란다.
    '암튼 난 양심상 분명 돈 낼 거 내려고 한 거다. 이제부턴 덜 받아도 내 책임 아니다…….' 찜찜함을 애써 덜어냈다.

다시 한 번 결론: 거주지를 United States(English)로 선택하고 들어

가서 진행하다 보면 나중에 코리아 선택하는 란 나옴. 제대로 끊고 당당하게 다니자!

수속을 밟은 다음에 이층으로 올라가 샐러드를 시켜먹었다. 모처럼 파릇파릇 상추 씹는 맛이 좋아서 싹싹 남김없이 해치웠다.

살타에서 푸에르토이과수 가는 비행기는 제 시간에 출발하고 제 시간에 도착했다.

이과수 공항에 도착해서야 숙소 사이트를 열고 숙소를 골라 예약했다. 혹시 하루 일정이 어떻게 될지 몰라 숙소를 정하지 않았던 거다. 숙소를 정한 다음에 버스를 물으니 250페소(약 5,000원)인데 약 50분에서 1시간 후에 출발한다고 해서 그냥 택시를 타기로.

택시는 공항 안에 '택시'라고 쓰여 있는 곳에서 숙소 캡처본을 보여주면 거기서 티켓을 끊어주고 택시 기사를 불러주는 시스템이었다. 숙소 앞까지 딱 데려다 주고 요금 700페소(약 14,000원)는 기사한테 내릴 때 주면 되었다. 택시 티켓을 끊고는 핸드폰을 놓고 걍 또 돌아서 왔다. 직원이 불러서 핸드폰을 받아왔다. 정신줄이 왔다갔다 한다. 꽁꽁 묶어놔야 하는데…….

잠시 후 택시 기사가 와서 티켓을 받아들고 내 가방도 하나 들고 공항 밖으로 앞서 갔다. 이런 장면은 쿠스코랑 비슷했다.

공항에서 숙소까지는 택시로 20분 거리였다. 호스텔에 딱 들어서자마자 바로 비가 막 쏟아졌다. 타이밍 쥑였다. 비도 그냥 비가 아니라 천둥도 치고 요란했다. 정전까지 되었다. 쥔장은 익숙한 듯 바로 비상 전등을 켰다. 쿠스코에서 살타까지는 밤에 날씨가 추웠는데 푸에르토이과수는 완전 한여름 날씨다. 후텁지근하고 끈적끈적해서 에어컨을 켰다. 씨원한 맥주가 한없이 땡기는 밤이었다.

이과수에서 카드 복제 당하다

밤새 천둥까지 치며 쏟아지던 비는 아침에 일어나니 딱 그쳐 있었다. 여행엔 날씨가 효자. 난 효자를 데리고 여행을 하고 있었다.

숙박비 이틀치를 페소로 결제를 해서 수중에 페소가 거의 없다. '환전을 하고 이과수로 가야지' 생각하며 11시가 다 되어서야 숙소를 나섰다.

아르헨티나 푸에르토이과수는 이과수폭포를 가기 위한 베이스캠프 마을이라고 생각하면 된다. 푸에르토이과수 버스터미널에서 아르헨티나쪽 폭포 입장 매표소까지 버스로 약 20분 정도 가야 한다.

난 버스표를 끊을 때 "이과수 falls"라고만 말했더니 아르헨티나 국기와 브라질 국기 두 개를 가리키며 둘 중에 어느 쪽이냐고 물었다. 다니다 보니 아르헨티나 국기를 자연스럽게 알게 되었지만 그땐 확실히 몰라서 그냥 "아르헨티나" 하고 끊었다. 출발지에 '이과수', 도착지에 '까따라따스(CATARATAS)'라고 찍혀 있었다. 버스 회사가 헷갈리게 리오 우루과이다.

버스를 타고 이과수 입장 매표소에 도착했다. 환전해야지 생각은 했었는데 환전을 안 하고 그냥 갔다. 다행히 입장료가 카드 결제 가능하기에 잘 됐다 싶었다. 남미 여행 중 카드 복제 사건이 종종 일어난다는 말을 들어서 실물 카드로는 결제를 안 하고 다니고 있었다, 설마 명색이 국립공원인데…하고 이과수 입장료 800페소(약 16,000원)를 비씨카드로 결제했다.

그런데 입장료가 한꺼번에 800페소가 빠져나가지 않고 (257.04) (486.96) (56.00) 이렇게 조각조각 세 번에 나눠서 빠져나갔다. 갑자기 문자가 삐룩삐룩 연달아 떴다. 이게 뭔가 하고 입장하기 전에 의자에 앉아서 핸편 계산기를 두드려 보았다. 다 합쳐서 800페소가 되기에 입장료임을 확인하고 시스템 차이겠거니 생각했다. 암산? 그런 거 안 된 지는 꽤 됐다.

〈이과수에서 카드로 결제를 한 후… 미리 쓰기

일주일 후에 내 비씨카드에서 33.275페소(약 67만원)가 연달아 두 번 결제되었다고 문자가 떴다. 깜놀. 직감으로 내 카드가 복제됐구나 알아차렸다. 한국 시간으론 밤 12시가 넘은 시간이었지만 바로 한국으로 전화해서 카드를 정지시켰다.

귀국 후 은행을 방문해 보니까 내 문자에 뜨지도 않은 금액이 또 한 번 결제되어 있었다. 세 번에 걸쳐 약 200만원이 결제된 셈이었다. 내가 쓴 게 아니라는 내용 확인서를 써주고 카드를 재발급 받았다. 금전적으로 직접 손실을 입진 않았지만 번거로운 일이었다.

이과수 입장료 낼 때 외에 실물 카드를 쓴 적이 없었기 때문에 이

곳을 강력 의심하고 남미 여행 카페에 공유하고자 내용을 올렸더니 이과수에서 이런 일이 종종 일어난다는 글이 올라왔다.

근데 그넘들 참. 어떻게 두 번도 아니고 딱 한 번 사용한 걸 족집 게처럼 찍어 복제한다냐……. 용한 넘들……. 〉

아르헨티나 이과수 국립공원 입구부터 길목마다 안내판이 잘 되어 있다. 그래도 이과수 지도 한 장은 꼭 챙겨 들고 다니는 게 편하다. 생전 관심도 없던 꽃도 찍어보며 산책하는 기분으로 느긋하게 걸어갔다.

그런데 이과수 공원엔 Coaties(꽈치, 코아티스, 주머니쥐)라고 사람마다 다르게 부르는 동물이 판을 친다. 이곳엔 개가 없는 대신 얘네가 또 날 긴장하게 만들었다. 길섶에 한 마리씩 보이기에 조심조심 지나오다가 뒤돌아보니 아주 떼거리로 몰려오고 있었다. 등골이 서늘했다. 한 넘은 철길까지 건너며 끈질기게 쫓아오는 것 같았다. 이과수 '악마의 목구멍' 가는 셔틀기차(열차 트램)를 기다리며 보니까 딴 사람들은 엄청 귀엽다고 막 만진다. 내가 이상한가? 내가 동물공포증이 넘 심한가?

이과수를 즐기는 코스는 여러 개 있는데 난 셔틀기차를 타고 젤 먼저 '악마의 목구멍'으로 갔다. 전날 느닷없이 퍼붓던 비처럼 날씨가 급변할 수도 있단 생각에 일단 이과수에서 젤 핫한 곳을 먼저 가기로 한 거다. 셔틀기차에서 내려 악마의 목구멍까지 연결된 다리를 걸었다.

이과수 공원에는 숲이 우거져 새도 많았다. 특히 파랑새, 행운의 파랑새가 눈에 띄어 기분이 저절로 좋아졌다. 아침에 버스터미널 가다가 어느 가게에 걸린 거 보고 즉석에서 사 입은 이과수폭포 그림의 면티가 인증샷에서 빛을 발한다. 악마의 목구멍 앞에서 한참을 있다가 다른 코스로 이동했다. Superior, Inferior 코스도 휘리릭 둘러보았다.

이과수에서 6시 버스를 타고 다시 푸에르토이과수 시내로 돌아왔

다. 되도록이면 다른 데서 환전을 하고 가는 게 좋겠다. 이과수는 아르헨티나 최대 관광지라서 환전 수수료가 아주 빡셌다.

푸에르토이과수 동네 자체가 다 걸어 다닐 만한 거리로 작았지만 숙소가 살짝 한적한 곳에 있었다. 버스터미널을 중심으로 식당이나 슈퍼, 환전소 등이 다 몰려있어서 거기는 밤에도 좀 길거리가 밝았는데 내가 묵은 숙소 쪽으론 좀 한적했다.

환전도 하고 슈퍼에 들러 이것저것 사고 돌아오는 길에 난 개 두 마리 때문에 심장 떨어져 죽는 줄 알았다. 어디서 튀어나왔는지 까만 개 한 마리가 나한테 다가오며 컹컹 짖었다. 엄마야, 소리치니까 저쪽에 있던 또 한 마리 개가 같이 컹컹 짖으며 달려왔다. 금방이라도 날 물어뜯을 것 같은데 주위엔 아무도 없고……. 그래서 손에 들고 있던 새 과자 봉지를 막 휘둘렀다. 과자 봉지가 터져서 그걸 휙 던지고 막 도망 왔다. 개xx들이 과자 봉지 쪽으로 가서 좀 조용해진 틈에 막 도망쳐 오며 뒤돌아보니까 내 비명 소리에 놀란 주민 몇 명이 여기저기서 나오고 있었다.

내가 알고 있는 개xx 소xx, 욕이란 욕은 다 퍼부면서 숙소로 돌아왔다. 어렸을 때 동네 떠돌이 개들 땜에 생긴 트라우마……. 벗어나긴 더 틀려먹었다. ㅜㅜㅜ.

남미는 사람 땜에 무서운 게 아니라 난 개들 땜에 정말 못 살겠다. 딸내미 말마따나 내가 전생에 동물들을 엄청 학대했나 보다.

낮엔 이과수 짜치 땜에 무서웠고, 저녁엔 달려들던 개들 땜에 무서웠던 하루다.

PARADA DE OMNIBUS
BUS STOP
Horarios a Puerto Iguazú
Schedules to Puerto Iguazú city

07:15	10:35	13:55	17:15
07:35	10:55	14:15	17:35
07:55	11:15	14:35	17:55
08:15	11:35	14:55	18:15
08:35	11:55	15:15	18:35
08:55	12:15	15:35	18:55
09:15	12:35	15:55	19:15
09:35	12:55	16:15	19:35
09:55	13:15	16:35	19:55
10:15	13:55	16:55	20:15

Servicio Para personas con MOVILIDAD REDUCIDA

HORARIOS DE DÍAS DE LUNA LLENA

22:35	23:35	00:35

RIO URUGUAY

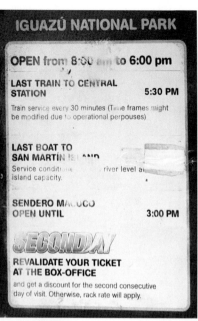

IGUAZÚ NATIONAL PARK

OPEN from 8:00 am to 6:00 pm

LAST TRAIN TO CENTRAL STATION   5:30 PM

Train service every 30 minutes (Time frames might be modified due to operational perpouses)

LAST BOAT TO SAN MARTÍN ISLAND

Service conditio... river level a... island capacity.

SENDERO MACUCO OPEN UNTIL   3:00 PM

SECOND DAY

REVALIDATE YOUR TICKET AT THE BOX-OFFICE

and get a discount for the second consecutive day of visit. Otherwise, rack rate will apply.

(여행에서 돌아와서도 개에게 쫓기는 꿈을 꾸다가 소리지르며 깨기를 몇 번,
60이 다 된 나이에 내가 생각해도 참 어이가 없어 쓴웃음이 난다.)

얼떨결에 브라질 밀입국

아침 10시에 체크아웃을 하고 푸에르토이과수 버스터미널 바로 옆에 한글로도 세탁소라고 쓰여 있는 곳에 빨랫감을 맡겼다. 저녁 7시에 찾으러 오라고 한다. 터미널 상가 안에 있는 짐 보관소에 배낭을 맡겼다. 저녁 8시 30분에 문을 닫는다고 쥔장이 친절히 내게 확인시켜 준다.

11시 출발, 파라과이 시우다드 델 에스테(Ciudad del Este)행 버스표를 끊었다. 파라과이 시우다드 델 에스테로 가는 리오 우루과이 버스는 11시 20분쯤 출발했다. 버스 출발하고 10분 정도 가서 여권에 출국 도장 찍었다. 이때는 버스가 기다려주었다. 그런데 사람들이 왜 미리미리 일어나 출국 도장 받으러 나갈 준비를 했는지 도장 받고 버스 타고 알았다. 처음 탈 때 찜하고 앉은 창가 자리, 좋은 자리가 아무 소용없었다. 자리는 먼저 앉는 사람이 다시 임자였다. 창가 자리를 10분 만에 뺏겼다.

옆자리에 앉았던 아주머니는 서로 말 하나도 못 알아듣는데 계속 무슨 말을 하고 밖에 경치를 가리키면서도 계속 웃으며 말을 하셨다. 아주 오래 전부터 알았던 사람처럼⋯⋯. 그리고 마치 내가 말을 다 알아듣고 있다는 듯이⋯⋯.

파라과이 국경지대는 아르헨티나와 브라질, 파라과이 세 나라가 합쳐지는 곳이라 교통 체증이 어마어마했다. 교통 체증 구역에 간식거리나 간단한 물건 파는 사람 있는 건 어디나 마찬가지였다. 사람 사는 동넨 다 비슷했다.

아르헨티나에서 출국 도장은 모두 다 내려서 찍고 버스가 기다려 줬는데, 파라과이 입국 도장은 필요한 사람만 알아서 내려서 찍어야 하고 버스도 기다려 주지 않았다. 내리지 않고 그냥 가는 사람들이 더 많았다. 지네 나라들끼리 뭔가 룰이 있나 보다.

내 바로 앞에서 수속을 받은 젊은 처자는 쳐다보는 구글 맵이 일어로 쓰여 있어서 일본 처자구나 생각하고 있었다. 그 처자 다음에 내가 여권을 내미니까 심사관이 나가는 처자를 한번 가리키고, 날 보면서 "아, 쟈뽕", "꼬레아" 하며 친근하게 웃었다. 붙어있는 동양권 나라 여자 둘이 연달아 오는 게 신기했나 보다.

푸에르토이과수 버스터미널에서 파라과이 입국 수속 밟고 나오는 시간까지는 상황에 따라 다르겠지만 약 1시간 30분 걸렸다. 입국 도장을 찍은 후에 버스 내린 자리에서 다음에 오는 같은 회사 버스 '리오 우루과이'를 이어서 타고 가면 된다고 했는데, 기다리는 시간이면 걸어가고도 남을 것 같아서 난 구글맵에 진미식당을 찍고 걸어갔다.

출입국 지역은 빵빵대는 차들과 오토바이 소리로 정신이 하나도 없었다.

시우다드 델 에스테는 쇼핑 천국으로 완전 화려한 국제 상업 도시였다. 특히 전자제품이 저렴하기로 유명하다던데 난 그런 건 관심없었다. 내가 시우다드 델 에스테에 간 이유는 단 하나, 한식당 진미식당이 있다기에 가는 거다.

국경을 넘은 이 어마무시한 나의 한식 사랑이라니……. ㅎㅎ

파라과이의 파란 하늘을 배경으로 한 삐까뻔쩍 번화가와 남대문시장 같은 곳을 지나서 진미식당은 상대적으로 좀 조용한 곳에 있었다. 입국 사무소에서부터 천천히 거리 구경하며 걸어도 20분이 안걸리는 거리다.

김치찌개와 쐬주 한 병, 거기에 티비는 백종원 나오는 프로를 틀어놔서 완전 한국 분위기다. 역시 한국인은 밥심, 국물심. 에너지를한껏 보충했다. 근데 파라과이 돈이 없었다. 고맙게 아르헨티나 페소로 계산해서 받아주셨다.

도떼기시장 같은 곳을 지나오다 보니 두툼한 가방을 허리춤에 메고 있는 사람들이 꽤 보였다. 길거리 환전상들이었다. 난 브라질 쪽의 이과수를 잠시 들렀다 가려는 생각이어서 그냥 2만원 정도만 환전했다.

환전을 하고 걍 길거리 아무 사람한테 "포스두 이과수 버스"했더니 바로 앞에 막 와서 서 있는 버스를 가리키며 타면 된다고 했다. 버스 타면서 기사한테도 "포스두 이과수?" 하니까 "오케이."했다. 기사한테 7헤알을 직접 냈다. 시내버스였는데 앞문으로 타서 지하철

출입구 같은 곳을 통과해야 자리로 들어갈 수 있었다.

버스는 다시 아까 넘어왔던 국경을 넘어갔다. 푸에르토이과수에서 파라과이 넘어올 때도 사실은 브라질 땅을 거쳐서 지나오는데 중간에 서지 않고 지나오기만 하는 거였다. 나라 대 나라를 넘어가는 일이 옆동네 가듯 다니는 게 참 신기했다.

그런데…….

이전에도 말했지만 내 머리는 디지털과 아날로그 짬뽕이다. 내 머릿속에 디지털 스위치를 꼭 켜줘야만 작동하는 세대다. 온 스위치를 누르지 않으면 자동 아날로그 모드다. 스위치를 켜지 않은 채 넋놓고 앉아있다 보니까 자리를 꽉 채우고 있던 사람들이 다 내리고 나만 남았다.

"포스두 이과수"만 외치고 탔다가 종점이라고 내린 곳은 무슨 버스터미널이었다. 내가 다시 사람들한테 "포즈두 이과수"에다가 "falls"를 붙여서 물었더니 한 남자가 아주 친절하게 자기도 거기 간다고 했다. 요금은 뭐 3헤알인가 한다고 했다. 내가 50헤알짜리랑 2헤알짜리를 보여주니까 서 있는 버스 기사한테 가서 자기 돈으로 잔돈을 먼저 바꿨다. 그리곤 나한테 와서 내 50헤알짜리를 10헤알짜리 5장으로 바꿔줬다. 굳이 그렇게까지 안 해도 되는데… 세상 남자들은 처음 본 여자한텐 다 친절하다더니…….ㅋㅋ

그 과잉친절남을 따라서 같이 타고 내린 곳도 또 무슨 터미널이었다. 내 말을 알아듣긴 했던 걸까??? 모르겠다. 암튼 그 친절남은 제갈 길 갔다.

슬슬 저녁 시간이 되고 있었기에 브라질 쪽 폭포 보는 게 문제가 아니라 아르헨티나 푸에르토이과수 동네 숙소로 돌아가야 하는 게 더 큰 문제로 다가왔다. 둘러보니 '까따라따스'라고 쓰인 곳이 있어서 거기서 버스를 탔다. 까따라따스라면 내가 전날 다녀온 곳이니까 거기까지 가면 숙소를 찾아갈 수 있다고 생각해서 널름 탔다. 근데 그 버스도 가다보니 사람들이 하나둘 내리고 이과수공항을 거쳐 갔다. 내가 내린 이과수공항보다 더 시설이 잘 되어 있고 좀 크네? 엥? 여긴 어디, 난 누구? 그 버스도 나만 남으니 돈 받는 사람이 물었다. 어디까지 가냐고. 나의 짧은 대답은 "까따라따스." (까따라따스가 아르헨티나 쪽의 폭포만이 아니라 그냥 폭포라는 스페인어 단어인 걸 나중에 알았다.)

그리곤 좀더 가서 종점이라는 곳에서 내렸다. 이과수 국립공원이라고 쓰여 있었다. 이과수는 이과순데 전날 갔던 이과수랑 뭔가 좀 달랐다. 직원한테 여기가 브라질이냐, 아르헨티나냐 묻고 싶은 맘이 생겼는데 내가 생각해도 그건 참 바보같은 질문일 거란 생각에 그만 두었다.

그리고 그때서야 머릿속의 디지털 스위치를 켜고 구글맵을 켜보니 브라질 쪽 이과수 국립공원에 내가 있었다! 안내판 지도를 보니 확실히 브라질이었다!
브라질 쪽 이과수에 얼떨결에 도착했지만 이미 해는 뉘엿뉘엿 지고 있었고 안타깝게도 파장 분위기였다.

그제야 사태를 파악한 나는 푸에르토이과수 가는 버스를 물어서 간신히 탔다. 브라질에서 아르헨티나로 넘어올 때, 브라질 출국사무소에서는 버스에 탄 사람들 모두 내렸다. 근데 생각해보니 난 파라과이 출국 도장도 안 찍었고, 브라질 입국 도장도 안 찍고 헤매고 다니기만 했던 거다. 출국 사무소 직원이 내 여권을 보더니 "와이……?" 물었다. 난 짧은 단어로 "투데이…, 파라과이… 런치……." 했더니 어이없다는 듯이, 그러나 이런 사람이 한두 명이 아니었던 듯이 툭하니 그냥 여권을 돌려줬다. 아무 도장도 찍지 않고서……. 입국 도장이 없으니 당연히 출국 도장도 찍을 필요가 없었을 테니까.

파라과이에서 오리지널 로컬버스를 타고 브라질로 들어가는 바람에 출국, 입국 도장 찍는 일을 까먹었던 거다. 로컬버스를 탔다고 외국인 여행자 신분도 망각한 채, x인지 된장인지 모르고 다녔으니 졸지에 브라질 밀입국자가 된 셈이었다. 말 안하면 내 여권도 모르고 세상 사람들 아무도 모르는, 내 브라질 밀입국 스토리다.

　아르헨티나 입국사무소에서는 입국 도장을 그냥 쾅 찍어줬다. 거창하게 당일 출국, 당일 입국!
　브라질쪽 이과수에서 이지버스를 타고 푸에르토이과수 터미널에 잘 도착했다. 버스는 이지버스였는데 내 일정은 결코 이지하지 않던 하루다.

베드버그 물린 자리 가렵다

푸에르토이과수 버스터미널 근처로 옮긴 숙소에서 아주 꿀잠을 자고 일어났다. 숙소에서 제공하는 간단한 조식을 먹었다. 추가로 하루 더 숙박 연장을 하고 종일 방에서 탱자탱자 뒹굴었다. 꿀잠에 꿀맛, 휴식의 날을 가졌다.

부에노스아이레스로 가는 항공권을 알아보려고 저가 항공사 안데스 항공에 들어갔는데 계속 랙이 걸렸다. 기다리다가 내 승질만 더 더러워질 것 같아서 아르헨티나 항공으로 들어가 봤다. 이번엔 제대로 united states로 들어갔다. (아르헨티나 항공권은 현지인과 외국인 항공권을 구분하는데, 한국인은 united states로 들어가 절차를 밟다 보면 코리아 선택하는 곳이 나온다.)

https://www.aerolineas.com.ar/welcome
아르헨티나 항공으로 들어가서 항공권 검색을 하다 보니 가격이 뚝 떨어지는 시간대 항공권이 있었다.

오후 4시 항공권은 173달러인데 4시 35분 항공권은 99달러.

내가 35분 일찍 가서 무슨 나라 구할 일을 할 것도 아니니까 바로 4시 35분 항공권을 선택했다. 짐 보내는 값 포함해서 115달러짜리로 결제했다. 항공권 예매를 마무리 짓고, 부에노스아이레스에서 묵을 숙소도 이틀 연박으로 예약해 놨다.

손과 팔꿈치에 베드버그에 물린 곳이 가려웠다. 물린 곳을 보여주고 연고를 하나 샀다. 어디 숙소에서 물렸는지 모르겠다. 남미 한 달 여행 경비로 3,500만원이 들었다는 친구한테 "남미 비싼 호텔엔 베드버그 없냐?"고 까똑 보냈더니 "응. 없던데? 깨끗~"이라고 톡이 왔다. 나도 참, 물을 걸 물어봤어야지. 그나저나 베드버그에 물린 자리

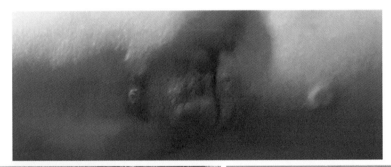

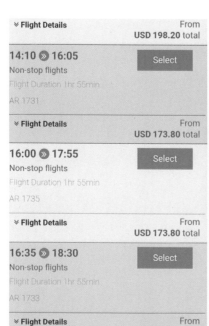

⅋ **Flight Details**	From **USD 198.20** total
14:10 》 **16:05** Non-stop flights Flight Duration 1hr 55min AR 1731	Select
⅋ **Flight Details**	From **USD 173.80** total
16:00 》 **17:55** Non-stop flights Flight Duration 1hr 55min AR 1735	Select
⅋ **Flight Details**	From **USD 173.80** total
16:35 》 **18:30** Non-stop flights Flight Duration 1hr 55min AR 1733	Select
⅋ **Flight Details**	From **USD 99.90** total
20:10 》 **22:10** Non-stop flights	Select

는 오지게 가려웠다.

아르헨티나 티비에서는 칠레 시위사태에 대해서 거의 실시간 방송을 내보내고 있었다. 내 여행의 out 도시가 칠레 산티아고라서 더 관심을 가지고 보게 된다. 브라질 밀입국을 하고 돌아온 바로 전날, 티비를 보며 느긋한 식사를 했던 곳에 저녁을 먹으러 다시 갔다. 식당 2층에서 여유롭게 저녁 시간을 보내고 슈퍼에 들러서 숙소로 고고했다. 탱자탱자 하루였다.

하나. 브라질 이과수 두 번째 방문

4시 35분에 푸에르토이과수에서 부에노스아이레스로 가는 비행기를 타는 날이다. 오전에 후다닥 브라질쪽 이과수를 보고 오려고 간단한 조식을 하고 숙소에 짐을 맡기고 나섰다.

푸에르토이과수 버스터미널에서 8시 30분 브라질쪽 이과수, 포스두이과수 가는 버스표를 끊었다. '리오 우루과이' 버스 앞에 CATARATAS BRASIL(까따라따스 브라질)이라고 쓰여 있었고, 버스표의 목적지엔 Cataratas FOZ DO(까따라따스 포스두)라고 찍혀 있었다. 며칠 전, 아르헨티나쪽 이과수폭포 갈 때에 버스표 목적지가 까따라따스만 찍혀 있어서 난 아르헨티나쪽 이과수만 그렇게 부르는 줄 알았는데 알고 보니 '까따라따스'가 폭포라는 단어였다.

암튼 그런 거 몰라도 표는 끊었다. "브라질 이과수"만 강조하면 됐으니까.

아르헨티나 출국 도장 쾅, 브라질 입국 도장 쾅.

두 곳 모두 버스가 기다려줬고, 약 50분 정도 걸려서 브라질 쪽 이과수 국립공원에 도착했다. 낯이 익다. 난 엊그제도 오고 두 번째 방문이니까…….

　표 끊는 데 긴 줄, 셔틀 버스 타는 덴 더더 긴 긴 줄이다. 셔틀 버스타고 내린 곳에는 꽈치(Coaties)가 그야말로 우글우글하다. 개인적으로 브라질 쪽에서 보는 이과수폭포가 더 맘에 든다. 하늘에 떠 있는 무지개가 아니라 발 아래 떠 있는 무지개를 보았다. 전망대 위에 올라가 보고 싶었지만 거기도 긴 긴 긴 줄이다. 하루를 통째로 비우고 느긋하게 즐겨야 할 것을…….

오후에 비행기를 타야 하니 아쉽지만 처다만 보고 빽해야 한다. 전망대도 패쓰하고 바삐 서둘러 나왔는데 푸에르토이과수로 가는 버스가 안 와서 한참을 기다렸다.

버스를 기다리는 동안, 옆에 있던 뮤직맨이라는 남자가 자기 핸드폰에 있는 음악 영상과 어머니랑 여행하는 사진을 보여주었다. "짜뽕, 코리아, 굿… 아메리카 노……." 하며 총질하는 제스처도 막 해대던 브라질 맨. 같이 여행 온 어머니의 풀어진 신발끈을 고쳐 매어드릴 땐 순한 양이 따로 없다.

'리오 우루과이'버스가 왔다. 얼렁 가자, 얼렁.

브라질 출국 도장 쾅. 아르헨티나 입국 도장 쾅~

파라과이 시우다드 델 에스떼, 아르헨티나 푸에르토이과수, 브라질 포스두이과수, 이쪽 동네 몇 번만 왔다갔다 하면 여권 사증 금방 다 채울 것 같다.

둘. 바가지 쓸 일 없는 택시 요금 자판기

오전에 후다닥 브라질 쪽 이과수를 구경하고, 푸에르토이과수로 넘
어와 숙소에서 짐을 찾아 택시를 타고 공항에 도착했다. 4시 35분
비행기인데 웬일로 채 30분이 되기도 전에 이륙했다. 예정 시간보
다 늦게 출발하는 비행기는 많이 봤어도 일찍 출발하는 비행기는 첨
본다.

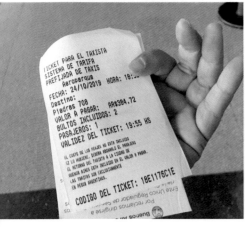

비행기가 이륙한 지 얼마 안 되어 바로 이과수폭포가 아래도 쬐끄맣게 보였다.

1시간 30분 정도 날아가 부에노스아이레스 공항 다가갈 무렵에는 무슨 굴비 엮어 놓은 것 같은 요트들도 보였다.

부에노스아이레스 공항에는 택시티켓 끊는 노란색 기계가 있었다. 영어 버전도 있다. 자동 기계에 목적지 번지수(예를 들자면 충현로 41)만 입력하고, 짐 개수, 인원을 누르면, 기계에서 자동으로 택시비가 책정된 티켓이 나온다. 티켓 뽑아서 밖으로 나가 택시 기사한테 티켓 주고 돈은 내릴 때 직접 주면 된다.

나는 물론…….

옆에 안내 요원한테 도움을 청해서 끊었다!

택시 티켓을 기사한테 주고 탔다. 기사 신원 확인서가 기사 의자 뒷면에 부착되어 있었다. 다른 곳은 몰라도 부에노스아이레스 공항에서 택시 타고 시내 들어가는 방법은 바가지 걱정도 없고 안전해 보였다. 택시 기사는 내가 택시에서 내려서 숙소에 들어가는 것까지 보고 갔다. 굿!!!

셋. 숙박 거부당하면 더 비싼 데로 옮겨라

〈 결론부터 말하자면 예약 취소를 누르지 말고 쿨하게 그냥 더 좋은 숙소를 보란 듯이 찾아 예약한다!!! 이때 새로 예약하고 숙박한 곳의 영수증을 꼭 챙겨 놓는다. 추가 발생한 요금은 나중에 부킹닷컴에서 포인트로 돌려준다. 〉

아르헨티나 부에노스아이레스에서 숙박 거부한 Che argentina hostel suites.

나는 해외 여행지에서 숙소를 예약할 때 주로 부킹닷컴(booking. com)을 이용해 왔다. 이번 남미 여행 중에도 부킹닷컴으로 하루 이 틀 전이나 당일 숙소를 예약하며 다녔다. 그런데 하루 전날 예약한 숙소가 뜻하지 않게 숙박을 거부하는 일이 발생했다.

호화롭진 않지만 나름 혼자 호사를 누릴 수 있는(실은 생리 현상을 맘껏 발산할 수 있는) 더블 룸으로 예약하고 갔는데 방이 없단다. 꽉 찼 단다.

도미토리는 자리가 하나 있다고 했다. 도미토리에서 못잘 이유는 없다. 하지만 애초에 예약한 거랑 달라서 그럼 왜 예약을 받았냐고 하니까 그 담부턴 그 넘이 내가 알아들을 수 없는 지네 말로 지껄인 다. 혹시라도 착오가 생겨 초과로 예약을 받았다면 최소한의 예의로 미안하다는 말이라도 해야 하는데 그런 말이나 태도가 전혀 없는 걸 로 봐서 그냥 고의적인 무시로 보였다.

이런 괘씸한! 화가 났다. 그냥 의자에 앉아 부킹닷컴 들어가서 고 객센터를 찾아보니 안 보인다. 망할. 부킹닷컴 앱에 고객센터가 없 다. 이건 진짜 샹쿠랑망쿠랑이다.

현지 결제하는 숙소라서 직접 돈이 빠져나가지 않은 게 다행이라 면 다행이었다. 할 수 없이 일단 다른 숙소를 예약했다.

다시 예약한 숙소 Hotel El Cabildo로 가려고 택시를 잡기 위해 큰 거리로 나왔다. 내가 개는 부서워하지만, 세상 어느 나라건 개를 줄로 매어 데리고 다니는 사람들은 대체로 선한 사람들임을 경험으 로 익히 알고 있는 터.

그래서 개를 데리고 가는 한 남자에게 다가가 물었다. 여기서 그냥 지나가는 택시 잡아도 되냐, 택시 타는 곳이 따로 있냐, 저기 택시 몇 대가 그냥 서 있는데 저기서 타야 되냐……. 머릿속을 맴도는 나의 택시에 관한 모든 궁금함이 단 하나의 단어로 응축되어 입 밖으로 나왔다. "택시!"

응축된 단어는 강력한 힘을 발휘하여 그 남잔 한방에 알아듣고 나와 같은 한 단어로 되물었다. "오, 택시?". 내가 "예쓰" 하고 고개를 끄덕이자 그 남자는 도로로 막 들어가더니 지나가는 택시를 손을 흔

KEUMSOON 님께

Che Argentina Hostel Suites 측에서 고객님의 예약(예약번호: 2586088375, 체크인 날짜:)을 이행하지 못한 점 대단히 죄송하게 생각합니다. 고객님의 불편을 최대한 덜어드리고자 다른 숙소를 예약하는 것을 도와드리려고 합니다.

이번 일로 발생한 추가요금에 대한 영수증은 저희 측으로 보내주실 것을 부탁드립니다. 최선을 다하여 보상해드리도록 하겠습니다.

영수증을 제공하시면 Booking.com B.V가 영수증 상의 정보를 Che Argentina Hostel Suites 측과 공유하는 것에 동의하시게 됩니다. 고객님의 개인 정보를 최대한 보호하기 위해 노력하고 있으며 영수증은 고객님의 요청 사항을 증명하는 목적으로만 사용됩니다.

불편을 끼쳐드려 정말 죄송합니다. 차후에는 보다 좋은 서비스로 찾아뵙겠습니다.

감사합니다.
Booking.com 고객 서비스팀

들어 붙잡아 주었다. 그리고 유유히 제 갈 길 갔다.

역시 내 경험으로 배운 사실은 틀림이 없다.

새로 간 숙소는 번화가에 있었고, 밤거리는 찬란했다.

덧붙임) 다음날 저녁때 부킹닷컴에서 추가 발생 요금을 보상해 주겠다는 메일이 알아서 왔다. 이런 시스템을 진작 알았으면 좋았을걸ㄲㄲ

첨엔 번거로워서 여차저차 상황 설명만 하고 숙박 거부한 숙소에 경고나 내려달랬는데 언제든 영수증을 첨부하면 보상해 주겠다는 메일이 재차 왔다. 예약했던 숙소 확인 메일을 캡쳐해서 보냈다. 그랬더니 추가 발생 요금 보상 처리라며 1,300원이 들어왔다. 이건 뭐지??? 다른 곳 영수증도 아니고 똑같이 자기네 사이트에서 예약한 거라면 좀 더 꼼꼼하게 처리 좀 하시지. 숙박 거부한 숙소는 2박 숙박료고 나중 숙소는 1박 숙박료인데…….

첨엔 번거로워 사양했지만 이번엔 구차해서 패쓰.

암튼 담에 또 이런 일이 생기면 그 도시에서 젤 비싼 숙소로 확 옮겨 버릴 테다.

밑장 빼기 환전 조심

숙소를 하루 연장하려고 하니 달러보다 페소로 하면 더 저렴하고 좋겠다고 해서 환전을 하려고 나갔다. 9시가 넘은 시간인데도 거리가 아직 한산했다. 어느 건물 경비한테 환전소를 물었더니 길에 덩치 있고 키 큰 남자를 가리키며 "깜비오"라고 했다. 그 깜비오는 손목의 시계를 가리키며 좀만 기다리면 환전소 직원이 온다고 기다리라고 했다. 좀 있으니까 진짜 직원이 와서 환전소 문을 열었다. 환전소는 유리 칸막이로 되어 있고 쬐그만 창구로 돈을 주고받는 곳이었다.

환전소가 있으면 중간에 지가 없어도 되는데 군이 지가 중간 역할을 자처했다. 300달러를 환전하려 한다니까 19,200페소에 된다고 했다. 그런데 환전소 직원이 건네 준 페소를 지가 먼저 받아서 세고 나한테 건네주는데 슬쩍 밑장 빼는 게 보였다.

'이런 덜 떨어진 넘. 더 연습해라 짜샤. 그렇게 어설퍼서 어디 밥 빌어먹고 살겠냐.'

맘 같아선 당장 따지면서 한 대 쥐 패고 싶었지만 덩치는 산만한 사기꾼한테 괜히 덤볐다가 더 일이 틀어질 것 같아서 일부러 못 본 척했다. 대신에 환전소 직원이 보는 앞에서 내가 받은 돈을 고대로 다시 한 장 한 장 세면서 확인을 했다. 당연히 돈은 모자랐다. 돈이 모자란다고 하니까, 다시 또 지가 가져가서 어쩌구저쩌구 하면서 결국 슬쩍 채워서 나한테 줬다.

'쨔샤, 어디서 밑장 빼길 할려구 했냐. 내가 좀 어리숙해 보이긴 해도 그리 만만한 상댄 아녀, 쨔샤……'

나는 그 돈을 환전소 직원한테 주고 기계에 다시 세어 달라고 확인해서 직접 받아왔다. 환전할 때는 내가 얼마를 주고 얼마를 받아야 할지 미리 계산을 해놓고, 꼭 그 앞에서 확인을 하고 와야 한다.

숙소에 가서 하루 연장 숙박비를 페소로 저렴하게 내고 가볍게 부에노스아이레스를 구경하러 다녔다. 품, 동선 따위. 난 땡기는 순서대로 다녔다. 피곤하면 그냥 보는 데까지만 보고 돌아올 생각으로.

세상에서 가장 아름다운 서점 중 하나라는 엘 아테네오(El ateneo) 오페라극장 서점부터 갔다. 오페라극장을 개조해서 서점으로 사용하고 있는 일명 '오페라 서점'. 오페라극장 무대로 쓰이던 곳은 지금 카페로 운영한다. 카페에 잠시 앉아 커피 한 잔 마셨다. 어차피 하나도 못 읽는 책들이지만 분위기는 짱이다.

다음은 택시를 타고 탱고의 발상지 라보카 지역으로 갔다. 택시기사가 창밖으로 지나치는 건물들을 가리키며 마치 가이드처럼 열심히 설명을 했다. 난 뭐가 뭔지도 알아듣지 못했지만 일단 사진을 찍으면서 좋다고 했더니 아주 좋아라 더 열심이었다. 무슨 극장, 오벨리스크, 성당······.

탱고의 발상지라고 하는 아르헨티나 라보카 지구. 특히 관광 특구 까미니또 거리는 알록달록 복작복작하다. 라보카 까미니또 거리를 왔다리갔다리 하다가 배가 고파서 택시를 타고 한인촌으로 갔다. 한식당 '즐거운 집' 칼국수를 맛있게 싹 비우고 김밥을 포장해 왔다.

공동묘지에 대한 개념은 나라마다 다르다.

아르헨티나의 영부인이었고, '에비타'라는 애칭으로 불리던 에바페론의 묘지가 레꼴레타 공동묘지 안에 있다. '에비타' 오페라의 주제곡인 'Don't cry for me, argentina'는 우리에게도 많이 알려져 있다.

에바페론 묘지를 찍고 오는데 서양 사람들 한 무리가 나한테 다가오면서 영어 하냐고 하더니 에바페론이 어딨냐고 물었다. 허허참. 누가 봐도 난 동양인인데.. 근데 내가 방금 거길 보고 나오는 길이라서 잘 안단 말이지ㅎㅎ.

그래서 말로는 설명하기 좀 그렇고 해서, 입구 특징 사진을 보여주며 방향을 가리켜 줬다. 갸네가 아주 베리베리 땡큐를 외치며 갔다. 참내.

레꼴레따 묘지 바로 근처에 레꼴레따 쇼핑몰도 있다. 딱히 살 건 없지만 한바퀴 휘~하니 돌아봤다. 숙소로 돌아와 칠레 소식을 들으려고 티비를 켰는데 '우리말 달인' 같은 낱말 맞추기 프로가 나왔다.

한인촌에서 싸온 김밥을 먹으며 하루를 마무리했다.

우수아이아를 엄청 사랑하는 사람

숙소에서 공항으로 가는 택시를 탔다. 해안가 도로를 지날 때쯤 낚
시와 음식 명소라면서 택시기사가 어떤 건물을 가리킨다. 부에노스
아이레스 택시 기사들은 여행객한테 뭔가를 열심히 설명해 주려는
경향이 있는 거 같다. 교육을 그렇게 받나 싶은 생각이 들 정도다.
부에노스아이레스를 하나라도 더 알려주려는 투철한 사명감에 불타
는 듯하다.

　부에노스아이레스(AEP)에서 우수아이아로 가는 항공표.
　딸내미 대한항공 마일리지 25,000점으로 득템한 아르헨티나 국
내선 항공권 세 구간이 요때부터 쓰여지는 일정이었다. 남미 자유
여행 한 달 경비를 대략 500만원으로 잡고 밑그림을 그리던 중 알게
된 아르헨티나 국내선 마일리지 이용 정보!
　우수아이아는 대한항공 마일리지 치트키를 써서 가게 된 곳이다.
치트키가 없었다면 아마 못 갔을 확률이 천 프로쯤 될 거다.

아르헨티나 남쪽 파타고니아 지역으로 가는 입구와 다른 지역으로 가는 입구가 나누어져 있다. 게이트 옆 창가 의자에 앉아 인터넷으로 우수아이아 정보를 구하고 있었다. 시간이 거의 다 되어 가자 내가 탈 비행기가 도착하고 짐이 실리는 광경이 보였다. 실리는 짐 중에서 용하게 내 배낭이 눈에 들어왔다. 무리에 섞여 있어도 지 새끼 용하게 알아보는 것처럼.

우수아이아로 가는 비행기에 탑승하는 줄에서 앞사람 뒷목덜미에 새겨진 Ushuaia 글자를 보고 혼자 웃었다. 우수아이아를 엄청 사랑하는 사람인가 보다. ㅎㅎ

비행기가 출발하자 부에노스아이레스가 금방 아래로 보였다. 3시간 반을 날아가 아르헨티나의 최남단 도시 우수아이아에 도착했다.

아르헨티나의 최남단이자 '세상의 끝'이라는 타이틀을 가진 도시다. 우수아이아 공항은 독특하게 주로 나무와 돌로 이루어져 있다. 유리창에 설산이 비쳤다.

공항에는 택시 안내해 주는 사람이 있다. 택시를 타고 숙소로 가는 길에 창밖으로 Ushuaia를 알리는 하얀 글자들이 지나갔다.

이틀 묵었던 우수아이아 숙소 ROSA DE LOS VIENTOS Hosteria.

숙소에 들어가 짐을 풀었는데 여행 기록 수첩이 보이지 않았다. 아무리 뒤지고 뒤지고 뒤지고 몇 번을 뒤져봐도 없다. 헐;; 진짜 젤 중요한 건데……, 여권은 혹시 잃어버려도 번거로워 그렇지 다시 만들 수 있고, 돈을 잃어버리면 속이 좀 쓰려 그렇지 다시 보내달라면 되지만, 여행 기록 수첩은 뭘로 대체하나. 내 기억의 한계는 누구보다 내가 더 잘 아는데 큰일이다.

숙소 프론트 직원한테 가서 전날 묵었던 숙소 이름과 룸 넘버와 전화번호를 적어 보여주면서 거기에 내 수첩이 있는지 확인해 달라고 부탁했다. '비정상회담' 프로에 나왔던 제임스 닮은 핸섬한 줄리앙이라는 분이 바로 전화를 걸더니 다행히 거기에 내 수첩이 있다고 알려줬다. 길바닥에 떨어뜨려 잃어버린 게 아니고, 수첩이 어디에 있는지 확인했으니까 일단 안심은 되었다.

하지만 난 이미 비행기로 세 시간 반을 날아온 도시에 있을 뿐이고…….

항구 근처에 여행사가 왕창 몰려 있다.

비글해협 투어는 세상의 끝 등대까지만 다녀오는 투어, 펭귄섬까지 둘러보는 투어, 펭귄섬에 직접 내려서 보는 투어 등이 있다. 펭귄섬에 내리는 투어는 피라투어사 독점으로 가격이 사악하다. 다른 투어들은 2~4시간 정도 걸리며 우수아이아 많은 여행사들 중에 골라골라 갈 수 있는데 홍정해서 주로 50,000원 안팎이란다. 난 밑에 돈이 숨을 못 쉬어서, 남는 게 시간이라, 피라투어사의 비글해협 투어를 질렀다. 사실은 잘 알아보덜 못해서리 그랬다.

다음날 아침 7시 30분 출발하는 비글해협 투어를 신청하고 우수아이아 작은 동네를 둘러보았다.

우수아이아엔 킹크랩 식당이 많았다. 하하. 가격은 또 어찌나 착한지. 이건 정말 혼자라도 먹어줘야 해. 내가 증말증말로 잘 먹는 킹크랩 찜과 증말증말 좋아하는 맥주를 곁들인 환상의 한 상. 2인 이상이어야 쪄 준댔는데 내가 2인분 값을 주겠다고 부자 행세를 했다. 돈 내겠다는데 싫다는 장사 어딨겠나. 혼자 배 두드리며 먹은 값이 5만 5천원이다. 돈을 내고도 돈을 번 느낌!

킹크랩으로 기분 업업되어 하루를 마친다.

펭귄섬, 세상의 끝 등대

전날 피라투어사에 가서 예약해 놓은 비싼 비글해협 투어에 혹시 늦을까 봐 잠도 설치고 나갔다. 내가 선택한 투어는 버스를 먼저 타고 움직였다. 버스로 이동 중에 우수아이아 이정표가 휘릭 지나갔다. 좀 가다가 버스가 정차를 하고 한 바퀴 둘러보라고 했던 곳엔 바람 따라 가지가 휜 나무들이 많았다.

다시 버스를 타고 이동. 조류, 포유류 박물관인 ACATUSHUN 박물관에서 1시간 정도 머물렀다.

지나는 길에 뭔지도 모르고 걍 이뻐 보여 찍은 게 있다. 설마 화장실?

조그만 카페에도 들렀다. 바구니에 담긴 솔방울이 무지하게 커서 동전을 놓고 찍어봤다. 펭귄섬에 직접 발을 들여놓는 인원은 하루에 정해져 있다고 했다. 조그만 배를 타고 펭귄섬에 들어갔다. 조그만 배가 얼마나 펄떡이는지 놀이공원 디스코팡팡 타는 기분이었다.

펭귄들아 안녕~

펭귄의 집은 마치 두더지 집 같다. 푹푹 파인 구덩이들이 모두 펭귄들의 집이다. 펭귄섬에 내린 사람들은 가이드 따라서 정해진 길로만 살살 다녀야 한다. 기본 에티켓이다. 뒤뚱뒤뚱 펭귄이 바다에 입수하는 모습은 정말 귀엽다.

펭귄섬에 내리지 않고 그냥 둘러보는 투어 배들도 최대한 펭귄섬 가까이에서 꽤 오랫동안 서 있다가 가는 것 같았다. 펭귄섬에서 1시간 정도 머물렀다. 다시 우릴 태우러 쬐끄만 디스코팡팡 배가 왔다. 처음에 쬐끄만 배를 탔던 곳으로 간 뒤에 커다란 배로 갈아탔다. 배에는 이미 다른 사람들이 많이 타고 있었다.

배 안에는 간식 파는 곳이 있었는데 펭귄섬 투어 가이드가 피자를 한 판 그냥 줬다. 엄지척을 하며 나를 위해 주는 거라 했다. 굳이 안 줘도 되는데……. 먹고 싶음 내가 사 먹지……. 주니까 먹긴 먹는다만…….

앞에 앉은 사람들이 콜라를 사와 보탰다.

렌트카로 두 달째 남미 여행 중이라는 포르투갈 부부. 남자는 포르투갈 무슨 풋볼팀 유니폼을 속에 입고 으쓱하며 보여줬다.

우수아이아의 매력은 '끝'이라는 데 있다. fin del mundo. 세상의 끝, 세계의 끝, 그 끝에 있는 등대, 세상의 끝 등대!

'해피투게더'라는 영화에 나와서 더 유명해졌다는데 난 그 영화를 안 봐서 그건 모르겠다. 근데 그냥 평범해 보이는 등대 하나에 '세상의 끝'이라는 수식어를 붙여 '세상의 끝 등대'하면 뭔가 말이 달라지는 것 같다. 그렇다. 모든 것에 '처음'이라든지 '끝'이라든지 이런 걸

붙여 뭔가 의미 부여를 하면 혹 한다. 땡기는 힘이 팍 생기는 거다.
첫사랑처럼. ('처음처럼' 초록이가 급 땡기네.)

가마우지와 바다사자 섬까지 둘러보고 오는 길엔 사람들이 거의
심드렁한 표정이거나 아예 잔다. 이제 볼 장 다 봤다고. 다 그런 거다.
거의 3시쯤 비글해협 투어가 끝나고 원점 회귀했다.

우수아이아 중심부에 에바페론 흉상이 있다. 에바페론 묘지는 부
에노스아이레스 레꼴레따 공동묘지에 있다. 우수아이아 인포메이
션 센타에 가서 여권 추가기재란에 스탬프 도장을 찍고 나오는 길에
타이완 여행객을 만나 잠깐 얘기를 나누게 되었다. 환전해야 하는데
일요일이라 은행이 다 문을 닫은 거 같다고 했더니 자기가 금방 환
전한 곳이 있다며 구글 지도로 확인해 주었다.
타이완 처자가 알려준 Jupiter라는 환전소는 일요일인데도 문을
열고 있었다. 단, 환전할 때는 내가 얼마를 주고 얼마를 받아야 할
지 미리 잘 알고 있어야 한다는 걸 다시 한 번 절감한 곳이다. 내가
400달러를 줬는데 그쪽에선 300달러로 계산해서 주려고 했다. 내가
400달러를 줬다고 하니까 그제서야 자기가 착각했다고 하며 다시
제대로 줬다.
환전할 때는 항상 확인, 확인, 확인!!!
짜식들, 내가 어리숙해 보여도 보기보단 똑똑하다니까 그러네.

어느새 여행이 후반부로 접어들고 있다.

아! 줌마의 뒤죽박죽 남미 한 달 여행기

남미는 대합실 여행

황도 덕분에 아침을 맛있게 먹었다. 느즈막히 체크인을 하고 나왔다.

설산이 보이는 우수아이아도 꽃 피는 봄은 봄, 하지만 날씨는 비가 왔다 눈발이 날리다 변덕이 심했다. 엘칼라파테로 가는 비행기는 저녁 비행긴데 딱히 땡기는 곳도 없고 날씨도 난리를 쳐서 그냥 공항으로 갔다.

공항 커피숍에서 커피를 시키며 작은 사이즈로 달라는 뜻으로 "스몰"했는데 진짜 스몰 커피가 나왔다. 에스프레소ㅎㅎ. 글치. 스몰은 스몰, 진짜 스몰 커피 맞지. 눈발이 날리던 하늘은 맑은 날씨로 변하고 있었다.

근데 오후 1시 쯤 넘은 시간이 되었을 때 삐룩삐룩 갑자기 문자가 떴다. MERPAGO라는 곳에서 33,275페소가 연달아 2번 결제되었다는 승인 문자였다. 바로 아침에 예약한 엘칼라파테 숙소에서 빠져나갔나? 달러로 33달러씩 빠져나갔다면 얼추 숙박비랑 비슷한 가격이었기 때문에 첨엔 그건가 했는데, 그것도 아니다. 달러가 아니고 분명 ARS 아르헨티나 페소로 결제되었다. 33,275페소면 도대체 얼마야? 헐, 67만원? 그걸 두 번이나?

이게 바로 말로만 듣던 카드복제 사건이구나, 직감했다. 한국은 한밤중 시간이었지만 카드사에 바로 전화를 해서 카드 정지시켰다.

내가 실물 카드를 쓴 곳은 딱 한 번, 이과수폭포 입장료 낼 때 뿐이었다. 세상에 믿을 넘 없다더니……

생수병 하나에도 우수아이아의 대표 상징인 등대와 펭귄 이미지를 넣어서 만든 게 돋보였다. 비행기는 이미 와 있는 거 같던데 무슨 이유인지 1시간이나 늦게 출발했다. 우수아이아에서 1시간 반을 날아가 도착한 엘칼라파테 공항. 내가 가려고 하는 모레노빙하 미니트레킹을 대문짝만하게 홍보하고 있었다.

공항 안의 렌터카 부스들 맞은편으로 VES 부스가 있다. 요기서 숙소 이름 보여주고 표를 끊었다. 숙소 앞까지 알아서 데려다 주는 셔틀 벤 서비스 VES. 사람이 다 차면 출발하고 가까운 숙소부터 내려주면서 간다.

VES 벤 타고 편하게 숙소에 도착~

우수아이아에서 엘칼라파테 가는 항공권, 두 번째 치트키 사용하니 그냥 하루가 갔다. 남미 여행은 대합실 여행이다, 진짜루.

엘칼라파테, 고기는 죄가 없다

숙소에서 편하게 다음날 10시 출발하는 엘칼라파테 모레노빙하 미니트레킹을 예약했다. 숙박비 계산이건 미니트레킹 계산이건 계산기는 필수다.

여행 후반부로 접어드니까 짐 쌌다 풀렀다 하는 것도 일이다. 전날 2일 숙박비를 냈는데 추가로 아예 이틀치를 더 계산하고 세탁도 맡겼다.

엘칼라파테에서 4박 묵은 숙소 Albergue y Hotal Lago Argentino B&B. (엘베르게 y 호스텔 라고 아르헨티노)는 호스텔 공용 거실과 직접 해 먹을 수 있는 널널한 주방이 있다.

내가 묵은 더블룸은 길 건너 맞은편에 있다.

조식 주는 식당은 룸이 있는 곳에 따로 있고, 음식을 직접 해 먹으려면 간판 달린 주 건물 식당을 이용해야 한다. 주 건물에 묵으면 상관없겠지만, 따로 또 같이~ 요건 살짝 불편하다. 보통 보면 식당과 숙소는 여행객들마다 취향이 달라 호불호가 갈린다. 프론트와 해먹는 식당이 떨어져 있다는 것 빼곤 개인적으로 혼자 편안하게 묵었던 곳이다.

조식도 맨 꼴찌로 느즈막히 하고 오전 내내 뒹굴거리다가 12시가 넘어 슬슬 시내 구경을 나갔다. 시티공원에 1877년 모레노빙하를 처음 발견했다는 프란시스코 P 모레노 기념 흉상이 있다. 시티공원 근처에 슈퍼와 여행사와 장거리 버스 매표소가 다 모여 있다. 엘칼라파테 모레노빙하 미니트레킹을 한 다음날, 피츠로이 트레킹을 할

175

생각으로 버스 매표소에 들어가 엘찰텐 버스를 왕복으로 예매했다.

LA ANONIMA(라 아노니마) 슈퍼에 들러 이것저것 좀 샀다. 아르헨티나는 소고기가 싸고 맛있다니 함 구워 먹어 보자. 어슬렁어슬렁, 깔끔한 엘칼라파테 동네를 둘러보며 봄은 봄이로세 하며 숙소로 갔다.

고기, 것도 무려 소고기까지 샀는데도 2만원이 채 안 들었던 장보기다.

늘 항상 언제나 올웨이즈 에브리타임 배신하지 않는 건 맥주, 언제 어디서나 맥주는 항상 옳다!

근데 흠…….

고기는 죄가 없다. 굽는 사람이 잘못 구운 게지. 굽는 것도 기술이다. 난 기술 전문가의 손길이 닿은 고기를 걍 돈 주고 사먹는 게 좋겠다.

머무는 숙소에 전등갓이 참 예뻤다.

페리토 모레노빙하 미니트레킹

전날 숙소에서 예약해 놓은 엘칼라파테 모레노빙하 미니트레킹은 10시에 숙소 앞으로 투어사 벤이 날 태우러 오고 투어가 다 끝나면 다시 숙소까지 데려다 주니까 아무 생각없이 쫄래쫄래 따라다니며 하루 구경만 하면 된다.

엘칼라파테 숙소에서 국립공원 입구까지 1시간이 더 걸렸다. 모레노빙하가 있는 로스 글라시아레스 국립공원 입장료 800페소는 따로 돈을 걷어가고 표를 나눠주었다. 엘칼라파테 전망대에서 2시간 30분 정도 자유시간을 주었다. 각자 알아서 땡기는 코스로 흩어졌다. 로스 글라시아레스 국립공원 안내판에 무슨 무슨 새 사진이 있던데, 무슨 새인진 모르겠지만 새가 많이 날아다녔다.

좋은 자리에 사진사들이 있다. 이런 곳에 내가 또 언제 다시 오겠나 싶어서 큰 맘 먹고 돈 주고 인증샷을 찍었다. 마냥 마냥 어린애마냥 좋다.

어떤 곳 빙벽은 꼭 엿같이 보인다. 풍물시장이나 장터 같은 데서

엿장수가 뚝딱뚝딱 깨서 주는 엿. 그 엿판의 엿 조각 말이다. 색깔만 다른 엿 같다. (순수한 생각의 엿이다. 난 다른 뜻은 절대 모른다. ㅎㅎ)

가끔 빙하가 총 쏘는 소리처럼, 때론 천둥 치는 소리처럼 굉음을 내면서 떨어져 나왔다. 페리토 모레노 빙하는 부서져 내려도 계속 그만큼 생성되는 신비한 빙하라고 한다. 행여 우매한 인간의 발길로 빙하가 없어지는 데 공조하는 거 아닐까 걱정하지 않아도 된단다.

오후 3시에 배를 타고 들어갔다. 이미 트레킹을 마치고 나가려는 사람들도 많았다. 배를 타고 들어가면 그때부터 영어팀, 스페인어팀 중 골라서 안내를 받을 수 있다. 스페인어 세 단어밖에 모르는 난 영어팀으로 갔다. 적어도 영어는 세 단어 이상은 알아들으니까……. 어차피 못 알아듣는 건 도낀개낀이긴 하지만서두.

어찌구저쩌구 설명이 끝나고 빙하 근처까지 걸어가서 헬멧과 아이젠을 착용했다. 아이젠은 거기 직원들이 신겨주는데 내 아이젠을 신겨주는 직원이 "안녕하세요"라고 한국말로 인사를 했다. 오오, 반갑다!

건설현장에서 쓰는 것 같은 헬멧을 쓰고 아이젠 착용하고 본격적으로 1시간 30분 이상 빙하 위를 걸었다. 내 독사진은 주로 뒤에 오던 프랑스 처자가 계속 찍어줬다. 친구랑 서울을 방문한 적이 있다며 엄청 호의적이었다.

모레노빙하 미니트레킹이 끝나면 빙하 얼음 조각을 띄운 위스키 타임이 있다. 빙하 얼음 띄운 위스키 맛은? 뭐 그냥 위스키 맛이다. 술이란 건 원래 뭐든 분위기로 마시는 거다.

빙하색 닮은 아르헨티나 국기가 바람에 휘날린다. 보고 보고 또 봐도 빙하가 참 신비롭다.

6시가 좀 넘어서 배를 타고 나왔다. 버스를 탔다가 벤으로 갈아탔다가 하며 숙소로 돌아온 시간은 오후 8시쯤. 하루가 다 갔다.

피츠로이 트레킹 허탕치고도 기분 좋은 날

파타고니아 엘찰텐 피츠로이 트레킹을 가는 날이다.

묵고 있던 숙소의 조식 시간은 7시부터였다. 터미널 가는 벤이 숙소 앞으로 7시에 온대서 조식 먹을 시간이 없었다. 7시가 좀 안 된 시각에 보온병에 뜨거운 물만 담아 가려고 식당엘 들렀다. 스텝한테 시계를 가리키며 "세븐, 엘찰텐, 피츠로이, 핫 워터…" 하니까 바로 알아들었다. 커피 포트 물을 끓이는 동안, 조식을 위해 준비해 놓은 식탁 위 과일과 삶은 계란을 스텝이 내게 건네주었다. 그리고 잠시 더 기다리라는 손짓을 한 뒤 오븐 쪽으로 갔다. 왜 그러나 했더니 오븐에 있던 따끈한 계란 하나를 더 꺼내 가지고 와서 내게 건네주었다. 배가 든든해야 한다는 제스처를 하면서. 넌센스로 많이 나오는 〈삶은…… 계란이다〉도 아니면서 삶은 계란 하나에도 난 감동을 먹는다.

7시에 숙소 앞으로 온 벤을 타고, 엘찰텐 가는 버스를 타기 위해 엘칼라파테 터미널로 갔다. 창밖으로 지나는 호수의 물이 하늘색보다 더 파랗다.

1시간 30분쯤 달린 버스는 약 20분 정도 정차했다가 다시 출발했다. 8시에 출발한 버스는 3시간이 걸려 11시에 피츠로이가 있는 로스 글라시아레스 국립공원 방문객센터에 도착했다. 국립공원에서 지켜야 할 기본 규칙 같은 것과 피츠로이 루트 등의 설명을 모두 의무적으로 듣는 곳에 맑은 날이면 볼 수 있는 풍경 사진이 걸려 있었다. 내가 보고자 하는 풍경이기도 했다. 그. 러. 나. 날씨가 얄궂게도 눈발이 날리는 날씨로 변하고 있었다. 기본 교육을 받고 나와 다시 버스를 타고 가까운 엘찰텐 버스정류장에 최종 도착했다.

그동안 나 홀로 남미 자유여행을 하면서 내가 한국인을 만난 건, 우유니 투어 때 만났던 신혼부부 말고는 어쩌다 한 번 스치며 인사만 나눈 몇 명이 전부였다. 그런데 잠깐씩이라도 그 '스치기'를 연달아 했던 젊은이들이 있었다.

전전날 엘칼라파테의 내가 묵고 있는 숙소로 막 찾아들던 J군과 여느 사람들처럼 스치며 한 번 인사를 했었다. 전날 모레노빙하 미니트레킹을 하러 배를 타고 들어갔을 때, 이미 트레킹을 마치고 배를 기다리던 J군과 L군을 만나 또 기본 인사를 하고 스쳐지났다.

그리고… 다시, 엘칼라파테에서 같은 버스로 엘찰텐에 도착한, 울 아들넘과 나이도 비슷한 젊디젊은 J군과 L군. 날씨 때문에 바로 트레킹에 나서지 못하고 터미널 안에서 잠시 더 얘기를 나눴다.

마침 엘찰텐 이후 L군의 남은 여행 일정이 부에노스아이레스로 가는 여정이라고 해서 내가 부에노스아이레스 숙소에 깜빡 놓고 온 여행기록 수첩을 찾아줄 수 있겠냐고 부탁했다. 연달아 스치다 보니 내가 좀 뻔뻔해졌다.

다행히도 흔쾌히 L군이 그렇게 해주겠다고 했다. 그도 나를 잘 모르고 나도 그를 잘 모르는데 같은 말을 쓰고 같은 나라 사람이라는 이유 하나로 그냥 뻔뻔하게 부탁을 하고, 또 조건 없이 부탁을 들어주는 그 순간, 젊은이들은 미처 몰랐겠지만 난 피츠로이 트레킹을 못 해도 이미 충분히 그 이상으로 값진 날이고 의미 있는 날이었다. 감동의 날인가 보다.

J군, L군 모두 복 받을 거예요^^.

카페에 들어가 앉아 호시탐탐 바깥 날씨를 살폈다. 눈발은 그치고 날씨가 살짝 누그러졌지만 아주 맑은 날씨는 아니었다. 난 엘칼라파테로 돌아갈 6시 표를 1시 표로 바꿨다. 돌아오는 길의 날씨는 약 올리듯 화창했다.

비록 엘찰텐 피츠로이봉 트레킹은 허탕쳤지만, 대신 여행 기록 수첩을 찾을 수 있다는 희망이 확 생겨 더 기분 좋은 하루였다. 마음은 이미 피츠로이봉 트레킹을 한 거나 진배없었다.

덧붙임) 여행에서 돌아온 후 여행기록 수첩은 L군 이명우님으로부터 무사히 잘 받았다. 그때 만났던 J군은 장도영님이다. 장도영 여행에세이 '나도 몰랐어, 내가 해낼 줄', 평범한 일상 속 우리의 이야기 '평범한 일상, 그리고 따뜻함'의 저자이다. 서점에서 만나보시길!

18시간 가는 버스가 날 기다리네

엘칼라파테에서 편안하게 4박 묵은 숙소의 친절한 삶은 달걀 스텝에게 잘 쉬고 간다고 인사를 하고 나왔다. 호스텔에 택시를 불러달라고 부탁해서 그 택시를 타고 엘칼라파테 공항으로 갔다. 엘칼라파테 빠이빠이~~.

딸내미 대한항공 마일리지 25,000점으로 끊은 아르헨티나 국내선 항공권 3장 중 엘칼라파테 → 바릴로체 마지막 구간이었다.
내 여행기록 수첩을 찾아주기로 했던 젊은이들을 공항에서 또 만났다. 국가대표 배구선수에서 '은퇴남'으로 유튜브에서 볼 수 있는 장도영 군의 티셔츠에 응원글을 한 마디 보냈다.

바릴로체 공식 명칭은 '산카를로스 데 바릴로체(San Carlos de Bariloche)'이다. 보통 줄여서 '바릴로체'라고 한다. 바릴로체로 가는 항공편, 방송으로 아무리 떠들어도 난 잘 못 알아들으니 눈으로 열심히 확실하게 확인하고 다녔다.

출발 시간 11시 45분보다 10분 이상 먼저 이륙했다.

오후 1시 30분 도착 예정인 바릴로체 공항에 비행기가 20분이나 먼저 도착했다. 이게 다 '신이 내린 역마살' 구쎌한테 맞춘 신의 한 수 비행이었음을 곧 알게 될 거다.

칠레 산티아고에서 5일날 out 해야 하는 일정 외에는 난 바릴로체 도착 이후의 일정이 딱히 잡힌 게 하나도 없었다. 산티아고까지 버스로 쭉 넘어갈지, 아님 오소르노까지 간 뒤에 거기서 버스로 넘어 갈지, 거기서 비행기로 타고 갈지 아무것도 정해진 게 없었다. 어떻게 될지 몰라 당장 당일 숙소조차도 아직 정하지 않은 상태였다.

일단 바릴로체 버스터미널에 가서 시간이나 먼저 알아 보자…….

엘칼라파테 공항의 VES(목적지까지 데려다 주는 셔틀 벤) 같은 곳이 려니 생각하면서 공항 안의 AUTO JET 부스로 가서 자연스럽게 줄을 섰다. 부스 옆에서 안내하는 아줌니한테 버스터미널 갈려 그런다 며 줄이 맞는지 확인하니까 바로 자기 벤으로 안내했다.

알고 보니 그녀가 벤 운전수였다. 돈도 직접 그녀한테 냈다. 사람 들이 다 타자 벤은 공항에서 출발했다.

벤은 15분쯤 가서 바릴로체 버스터미널의 버스가 서는 쪽에서 날 내려줬다.

아, 여기가 바릴로체 버스터미널이구나, 하며 느긋하게 사진 한 컷을 찍던 순간! 서 있는 ANDESMAR 버스 앞 전광판에 지나가는 글씨를 보고 난 마구 달려갔다. 산티아고!

나의 최종 목적지 산티아고로 가는 버스가 바로 거기 서 있었던 거다. 버스는 이미 손님도 다 타고 시동도 부릉부릉 걸린 상황이었다.

내가 마구 달려갔더니 버스 안에 타고 있던 조수석 직원이 문을 열었다. 내가 "산티아고?" 하니까 직원이 끄덕끄덕. 그때부터 또 번갯불에 콩 구워 먹는 빛의 속도로 일이 진행되었다. 터미널 쪽을 가리키며 "티켓?", 직원은 "히어, 오케이". 내가 내민 핸드폰 계산기에 그가 2,700 가격을 찍고, 페소라는 거 확인하고, OK……. 그 다음 여권을 주고, 바삐바삐 페소로 돈을 지불하고……. 즉석에서 티켓을 끊었다. 직원이 버스에서 내려서 짐칸에 내 배낭을 싣는 동안 나는 냉큼 올라가 위층 자리를 잡았다. 버스는 내가 앉자마자 바로 출발했다.

일부러 버스 시간을 맞추려고 했다면 아마 맞추지 못했을 거다. 공항에서 터미널까지 그렇게 태연하게 벤을 타지도 못했겠지. 타이밍이 쥐였다.

버스에 자릴 잡고 앉아서 혼자 "대애~박, 대박"을 연발했다. 숨이 좀 가라앉자 허기 좀 면해야지, 어차피 국경 넘어갈 때 버릴 것도 있는데 먹어치우자 생각하며 빵을 한 입 물었다.

순간, 앗, 내 여권!

주머니 이쪽저쪽, 내 가방을 다 뒤져도 여권이 없었다. 헐.

아래층으로 막 내려가 봤으나 운전수와 조수석 쪽은 문이 따로 있고, 일반 승객은 들어갈 수 없게 닫혀 있었다. 할 수 없었다. 어디서 한번 정차하는 곳까지 기다리는 수밖에…….

풍경이고 나발이고 눈에 들어오질 않았다. 그래도 다행인 건 OUT 날짜가 여유 있어서 혹시 여권을 잃어버렸다고 해도 대처 시간이 충분하다는 게 위안이라면 위안이었다. 에라, 모르겠다. 어떻게 되겠지…….

다시 빵과 초콜릿을 꺼내서 우물우물 먹고 있는데 그 조수석 직원이 앞에서 다가오고 있었다. 보자마자 내가 "패스포트" 하니까 손에 들고 오던 여권을 바로 건네주었다. 너무 급하게 허둥지둥 타는 데 정신이 팔려 여권 돌려받는 것도 까먹고 낼름 올라탔던 것이다.

구쎌아, 뭘 자꾸 칠칠 흘리고 빠뜨리고 다니냐.

정신줄 좀 단디 챙겨라!

화창하던 날씨가 바뀌어 밖엔 비가 오고 있었다. 바릴로체를 출발한 지 두 시간쯤 지나 아르헨티나 출국사무소에 도착했다. 출국 도장 쾅~

아르헨티나 출국사무소에서 칠레 입국사무소까지 한 사십분 이상 간 것 같다. 칠레 입국사무소에서는 검사가 아주 깐깐하게 이뤄졌다. 가방도 일일이 열어 검사하고 훈련견이 킁킁거리고 검사했다. 어떤 이의 가방에서 나온 바나나와 사과는 지체없이 휴지통으로 버려졌다. 내가 먹다 남은 과자나 튜브고추장 같은 건 그냥 통과되었다.

남미에서 '다이렉트 버스'라는 뜻은 환승 없이 최종 목적지까지 쭈~~욱 간다는 뜻이지 우리나라처럼 정차없이 간다는 뜻이 아니다. 그리고 남미의 장거리 버스는 점심 때, 저녁 때는 거의 30분에서 1시간 씩 정차하는 터미널이 꼭 있다. 기사도 밥은 먹고 운전해야 하니까.

7시쯤부터 8시까지 약 1시간 정도 정차했던 오소르노 터미널 안에 들어가 보니 버스 매표소들이 많았다. 오소르노에서 산티아고로 가는 버스는 주로 야간버스가 많은 것 같다.

썬팅이 살짝 벗겨진 곳에 핸편을 대고 바깥을 찍어봤다. 비가 그치고 무지개가 살짝 떴다. 아르헨티나 바릴로체에서 칠레 산티아고로 가는 다이렉트 버스는 오소르노를 거쳐, 발디비아에도 정차했다. 이 담부터는 모르겠다. 잠이 들었다가 깨니 아침이었다. 출발부터 버스 도착할 때까지 간식거리는 세 번 받았던 거 같다.

아침 8시 30분쯤 칠레 산티아고에 도착했다. 무려 18시간이 넘는 시간!!!

구쎌, 장하다!

아! 줌마의 뒤죽박죽 남미 한 달 여행기

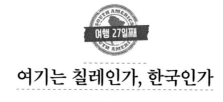
여기는 칠레인가, 한국인가

아르헨티나 바릴로체에서 칠레 산티아고까지 장장 18시간이 넘게 걸리는 버스로 밤을 넘어왔다. 젊은 애들처럼 이런 장거리 여행을 해내는 내가 스스로 대견스러웠다. 버스에서 내려 터미널 안쪽으로 들어가니 누군가 격하게 V자 포즈를 취하며 반겼다. 아는 사람이냐구? 노노. 걍 지나가던 사람ㅎㅎ. 사진을 찍다보면 어딜 가든 가끔 저렇게 관종이 있어서 웃는다. 암튼 칠레의 수도 산티아고에 드뎌 입성한 날, 환영해줘서 반갑다야~.

터미널 의자에 앉아 숙소 사이트에서 당일 숙소를 예약하고, 모닝 커피 한 잔.

택시 잡아 타고 숙소부터 갔다. 이곳에서도 다행히 얼리체크인을 해줬다.

숙소에서 준 시내 관광 지도에 산티아고 지하철 노선표도 있었지만 그거 볼 일은 없었다. 남미 자유여행 중, 시내에서 이동할 때에는 걷거나 택시를 이용했다. 한 나라가 아닌 여러 나라를 옮겨 다니는

데 각 도시마다 시내버스나 지하철로, 어디에서 타고 어디에서 내려야 할지 익히며 다니기엔 솔직히 내 머리 용량이 딸려서다. 좋은 게 좋은 거. 다녀보니 편한 게 좋더라구. 더군다나 칠레는 지하철 요금 문제로 촉발된 시위 사태가 아직 다 가라앉지 않았으니 더욱더.

산티아고 한식당을 검색하고 한인타운까지 거리를 알아봤다. 10~15분, 걸어가도 될 거리다. 아르헨티나 티비에서도 계속 실시간 방송으로 내보내던 칠레 산티아고 시위 사태 때문에 거리엔 최루가스 냄새가 배어서 저절로 재채기가 났다.

온통 그림이 그려져 있는 건물이 많았다. 미술관이 따로 없다.

산티아고 한인타운엔 대장금, 다온 등 한식당이 꽤 있다. 내가 간 곳은 중식당 다리원. 티비에는 계속 한국 아이돌의 춤과 노래가 나오고, 벽엔 연예인 사진이 많이 붙어 있었다. 그 중 울 딸내미가 좋아하는 방탄소년단, 특히 지민이 사진도 있기에 찍어서 딸내미에게 보내주었다.

짜장면에 참이슬에 삼다수까지 시켜놓고 보니 여기가 칠레인지 한국인지 모를 정도다. 맛까지 흐뭇했다.

날이 더웠다. 거리에서 파는 조각 수박이 목 축이는 데는 그만이었다.

산티아고 한인타운과 산크리스토발 언덕은 거의 붙어 있었다. 쳐다보니 산이라고 하지 않고 언덕이라고 부를 만하다. 그래도 높이는 324m, 산책로가 잘 되어 있다지만 땡볕에 올라가려면 것두 만만하진 않을 거다. 고로, 난 문명의 힘에 의존하기로~.

시위 사태를 우려하면서 산티아고에 갔는데 도심에 최루가스 냄새는 남아있었지만 관광지엔 여느 관광지나 다름없이 사람들이 많았다.

난 어덜트니까, 그리고 주말이고, 글고 일단 편도로 짬뽕. funicular(셔틀기차) + teleferico(케이블카).

열심히 해당하는 금액을 찾아서 매표소에 "포포투오" 하고 티켓을 끊었다. 포포투오는 4,420페소, 내가 끊으려고 하는 티켓 값. 갸네가 하는 말 못 알아들어도 요렇게 내 뜻만 전하면 된다. 근데 왜 해골 모형을 저 옆에 세워놨을까??? 뭐 이쁘다고…….

푸니쿨라(funicular)라는 셔틀 기차가 관광객을 위아래로 실어 날랐다. 보기 보다 경사가 꽤 있었다. 푸니쿨라를 타고 올라가면 산티아고 시내를 쫙 볼 수 있다. 산크리스토발 언덕은 산티아고의 남산이었다. 정상에는 14m 높이의 성모마리아상이 있다. 내려올 땐 텔레페리코(케이블카)를 탔다. 숙소까지 거리가 4.5키로 나왔다. 케이블카에서 내려다 볼 때 바로 눈에 띄던 남미 최고층 300m 높이 코스타네라 센터가 저 멀리 보인다. 거리 구경도 할 겸, 까짓. 걷자.

자전거가 엄청 활성화되어 있어서 거기에 맞춰 자전거길도 잘 만들어져 있었다.

우루과이 공원이란 곳을 지나오는데 탑 같은 게 보였다. 내 눈엔 바로 다보탑으로 보여서 "딱 봐도 다보탑인데 이 나라에도 이런 게 있네." 혼잣말로 중얼거리면서 탑으로 다가갔다. 아니나다를까. 그건 칠레 독립 200주년을 축하하기 위해 우리 정부가 기증한 전통 문

화재 다보탑 조형물이었다. 이왕이면 산티아고 중심 번화가나 대표적인 관광지에 있었으면 더 좋았을 걸.

설렁설렁 걸어 메인 거리에 이르자 매캐한 냄새가 가득했다. 앗, 시위 중이었다. 생각보다 격렬하진 않았지만 물대포를 쏘고 최루가스 냄새에 목이 따가왔다. 하필 이때 핸펀 배터리가 다 나가서 현장 장면을 더 찍을 수가 없었다.

숙소는 근처였다. 최루가스 냄새가 창문을 닫아도 살짝 스며드는 것 같았다. 봄인데… 꽃 냄새도 아니고… 최루가스 냄새라니…….

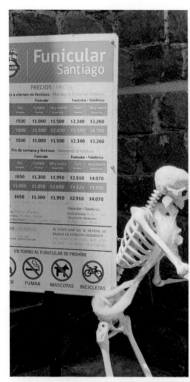

아! 줌마의 뒤죽박죽 남미 한 달 여행기

산티아고 이탈리아 광장

숙소 조식 시간이 지나도록 늦잠을 잤다. 산티아고엔 한인타운에 한식당들이 꽤 있으니 굳이 조식을 안 먹어도 믿는 구석이 있었다. 12시가 넘은 시간에 천천히 숙소를 나섰다. 근데 대낮부터 경찰들이 골목에 심상찮게 포진해 있다.

칠레 산티아고 바께다노 광장(Plaza Baquedano), 일명 이탈리아 광장에 자전거 인파가 넘쳐났다. 자동차 경적 소리와 자전거의 찌릉빵빵거리는 소리들로 시끄러웠지만 전날처럼 물대포와 최루가스는 터뜨리지 않는 걸로 봐서 무슨 행사가 열리나 보다 생각하고 태연히 지나갔다. 자고로 모르면 용감한 법.

시끌벅적한 이탈리아 광장을 벗어나면 평범한 일상의 모습이다.

다온 한식당이 일요일이라 1시에 문을 연다고 해서 산크리스토발 언덕 입구에서 시간을 때우다가 문을 여는 것과 동시에 첫 손님으로 들어갔다. 된장찌개, 떡볶이, 식혜를 시켜 배 두드리며 먹었다. 다온

사장님 말에 의하면 지난주까지는 시위가 격해서 한 열흘 이상 가게 문을 닫았다고 한다. 한국이나 칠레나 시끄럽긴 마찬가지라며 전세계가 무슨 유행처럼 시위로 난리라고……. 그나마 좀 진정되어서 영업을 할 수 있게 된 게 얼마나 다행인지 모른다고 하셨다.

산티아고는 공원이 깔끔하게 잘 조성되어 있었다. 근데 지하철 요금 인상 문제에서 시작된 시위가 대통령 사퇴 촉구로까지 번진 시위의 흔적들을 공원에서도 많이 볼 수 있었다.

공원을 슬슬 걸어다니다 보니 날은 덥고, 최루 가스 땜에 재채기가 자꾸 났다. 딱히 가고 싶은 곳도 없고 해서 슈퍼에 들러 이것저것 좀 사가지고 숙소로 걍 드갔다. 산티아고 시위를 보니까 대체로 오후에 더 난리였다. 칠레 사태를 한국에서도 계속 접하며 걱정이 태산 같은 가족들에게, 안심하라고 한식당 사진들을 까똑으로 보내 주었다. 그러고 나서 난 밖에서 시위를 하거나 말거나 저녁까지 쿨쿨 늘어지게 잤다.

하나. 평온한 산타루시아 언덕

뻐덕뻐덕하기 그지없는 빵에 사과잼을 발라 주스랑 커피랑 먹으니 어찌어찌 넘어가고 제법 배도 부르다. 여행 한 지 거의 한 달 만에, 이제 낼 모레면 집에 가는데 말이다. 잠자는 적응 하나만 빠름 빠름이고, 음식 적응은 굼벵 굼벵이다.

바께다노 광장 일명 이탈리아 광장엔 또 많은 사람들이 집합해 있었다. 숙소가 이탈리아 광장 근처라서 오며 가며 몇 번 봐서 그냥 그러려니 하고 산타루시아 언덕 쪽으로 방향을 틀었다. 이곳이 산티아고 시위의 주 무대인 줄 알았다면 숙소를 딴 데로 잡았을 텐데, 이미 엎질러진 물이다.

티비에서만 보던 약탈의 현장 건물들도 간간이 눈에 띄었다. 지하철 요금 인상으로 촉발된 시위가 조금은 진정되어 일부인지 전부인지는 모르겠지만 지하철은 운행되고 있었다. 지하철 타구 어디 갈려구? 노노. 다니나 안 다니나 단지 궁금해서 내려가서 확인해 본 거다. 전날은 자전거 행렬로 시위를 하더니 이번엔 택시들 행렬 시위다. 택시 시위로 시끄러웠지만 다른 곳은 일상의 풍경들이다.

산타루시아 언덕은 스페인이 칠레 정복을 위해 세웠던 군사 요새였다. 지금은 산책로가 잘 조성된 관광 명소인데 나즈막하지만 꼭대기 올라가면 360도로 산티아고 시내를 볼 수 있다. 그러니 요새로는 딱이었겠다.

산타루시아 언덕에 올라가면 요새로 사용할 때의 유적들과 항거하던 원주민 추장 카우포리칸의 동상이 있다. 산 크리스토발 언덕도 보이고 남미 최고층 건물 코스타네라 센터도 보인다. 어째 그리다가

만 미완성 높은음자리표 같은 것도 보인다. 산타루시아 언덕은 아래 시끄러운 세상과는 딴 세상처럼 평화로웠다. 맑은 새소리 들으며 여유를 누릴 수 있는 공간이었다.

이탈리아 광장의 시위대를 지나, 산타루시아 언덕의 평화로움을 한껏 누리고, 다시 일상의 바쁜 거리 속으로 들어가 한인타운 쪽으로 발길을 옮겼다.

이번에 내가 간 곳은 sukine(숙이네) 한식당. 잡채밥을 시켜 먹었다. 가리는 음식 많은 난 산티아고에선 뭐 먹을까 크게 고민하지 않아도 되어 좋았다. 음식엔 모험 걸지 않는다. 입 짧은 내 신조 중 하나다.

숙이네에서 나와서 한식당 다온엘 다시 갔다. 전날 마신 시원한 식혜가 급 땡겼다.

둘. 산티아고 시위의 한복판에 서다

여행이 거의 끝나가는 시점에서 한 치 앞을 내다볼 수 없는 게 인생사임을 실감한 날이다. 병뚜껑 같은 걸로 한가하게 체스를 두고 있는 아저씨들 모습, 손님 기다리는 거리 상품들, 주인 따라 뒤뚱뒤뚱 걸어가는 거위 모습도 재밌고, 공원은 말 그대로 휴식을 즐기는 듯한 여유 넘치는 공원 딱 그 느낌이었다. 한인타운에서 다시 거리를 돌아보며 숙소 쪽으로 갈 때의 풍경들이었다.

최고의 여행은 안전하게 집에 도착하는 거다. 다음날이면 집에 가는 비행기 타는 날이니 일찍 들어가서 푹 쉬자 맘 먹고 숙소 쪽으로 가고 있었다.

근데 그동안의 내 여행이 넘 밋밋했나?

내가 산티아고에서 3박 4일 머물렀던 숙소는 시위의 주 무대인 이탈리아 광장 근처에 있었다. 이탈리아 광장(바케다노 광장, Plaza Baquedano)은 우리나라 광화문 격이었다. 이틀 머무는 동안 특별히 과격한 양상은 보이지 않기에 옮기지 않고 계속 거기에 머물고 있었다. 여행자들에게 칠레 산티아고 시위 사태는 많은 관심사였기 때문에 딴에는 정보를 공유한답시고 체감상 평화로운 분위기라고 심지어 전날은 포스팅까지 했었다.

그랬었는데…….

낮에 택시 행렬 시위 때만 해도 이런 분위기는 아니었는데…….

웬걸. 전날보다 사람이 훨씬 더 모이고 최루가스 냄새로 눈과 목이 따가웠다. 오 마이 갓. 뭔가 분위기가 전과는 사뭇 달랐다. 난 많은 인파를 뚫고 내 숙소 방향으로 움직였다. 얼른 숙소로 들어가야겠단 생각뿐이었다. 시위대들은 마스크를 쓰고 눈에는 뭔가 스프레이를 서로 뿌려주기도 했다. 아마 눈을 덜 따갑게 하는 성분이 들었나 보다. 나를 보더니 내 눈에도 뿌려주겠다며 살짝 뿌려줬다. 그것도 따갑긴 마찬가지였다. 남미에서는 오염 뿌리고 그것에 정신을 쏠리게 한 뒤 그 틈에 소매치기 한다는 얘기가 생각나서 다른 사람이 또 뿌려준다고 할 때는 사양했다.

이탈리아 광장을 중심으로 몇 갈래의 도로가 있다. 수많은 인파를 뚫고 눈과 목의 따가움을 참아내며 도로를 건너고 건너 숙소가 있는 도로로 드디어 들어섰을 때 난 더 뜨악하고 말았다. 물대포랑 최루탄을 터뜨리는 진압 차량과 그 진압 차량에 맞서는 시위대의 저지선이 하필 내 숙소 바로 못미처에 있었다. 그나저나 눈과 목은 점점 따가워 죽겠는데 내가 저지선을 뚫고 갈 수도 없고, 거참 뒤로 물러나 돌아가자니 또 한참인 것 같고, 숙소는 바로 눈앞에 보이는 코밑인데……. 한 마디로 진퇴양난, 총체적 난국이었다.

그때 대학생으로 보이는 앳된 여자가 날 발견하고는 뭐라뭐라 묻는 것 같았다. 신기한 건 분명 내가 못 알아듣는 언어였는데 느낌으로 다 알아듣는 것 같은 착각이 들었다는 거다. 난 내 숙소를 가리키며 잠자는 제스처를 했다. 바디랭귀지가 통하지 않는 나라는 없다. 급할 땐 신기하게 그게 더 금방 알아먹히고 잘 통한다는 것. 그녀가 시위대 일행들한테 뭐라뭐라 급하게 소리쳤다.

대포 카메라를 들고 시위 장면을 찍고 있던 남자들, 일명 종군기자 같은 사람들과 시위하던 몇 명의 사람들이 경찰 진압 차량을 향하여 팔을 흔들면서 계속 또 뭐라고 외쳤다. 그러면서 몇 명이 보호막을 쳐주고 길가 건물에 붙어서 나를 지나가게 해주려고 했다.

그런데 다른 쪽을 향했던 물대포가 다시 확 날아왔다. 그녀가 온몸으로 그 물을 맞으며 막았지만 미처 다 막지 못한 물줄기가 내 신발을 다 적셨다. 그녀는 마치 테트리스 맞추는 것처럼 나를 건물 벽 오목한 틈새로 밀어넣었다. 당연히 쫙쫙 직선으로만 뻗을 줄 아는 물대포는 더이상 그 홈으로까지 꺾어 들어오진 못했다. 어미가 새끼 보호하듯 물대포가 닿지 않는 곳에 나를 밀어넣고 거센 물줄기는 그녀가 다 맞았다.

아무리 내가 눈에 띄는 동양 외국인이라도, 누가 봐도 내가 지보단 나이가 훨 많은데, 보호해도 내가 지를 보호해야 되는데……. 그녀가 날 어린애처럼 보호하는 느낌이었다.

잠시 후 그녀가 다시 일행들한테 뭐라고 외쳤고, 일행들은 다시 진압 경찰에 수신호를 보내는 듯 팔을 흔들며 외쳤다. 그러자 멈췄

다. 일행들의 수신호와 외침에 물대포가 멈추었다. 잠시 물대포가 멈추자 사람들이 나를 앞으로 옆으로 둘러싸고 최대한 길 옆으로 붙여서 보호하며 걸었다. 어느 만큼 안전하다고 판단한 지점에 이르자 나만 삼팔선 넘겨보내는 것처럼 밀어 보내고 그들은 되돌아 갔다. 오면서 뒤돌아 보니 그녀가 손짓을 했다. 얼렁 가라는…….

어디든 사람 사는 데는 인간적인 정이 있다. 시위를 하는 쪽이나 막는 쪽이나 모두 같은 사람이었다.

숙소 앞에 나와서 사태를 지켜보던 쥔장이 날 알아보고 팔을 벌려 반겨주었다. 다른 또 한 사람이 날 보고 "럭키"라고 했다. 이게 럭킨지 안 럭킨지 원.

저지선을 뚫고 무사히 들어왔으니 럭키한 일인지, 평소에 평화롭게 드나들던 숙소를 물대포를 맞고 왔으니 안 럭키한 일인지.

숙소로 들어와 창문으로 본 다른 쪽 거리도 밀고 밀리는 상황이 똑같이 계속 되고 있었다. 창문을 닫아도 틈새로 들어오는 최루가스 냄새에 계속 목이 따끔거렸다. 가족들에게는 아무 일 없는 듯이 또 한식당 사진만 보냈다. 나중에 안전하게 집으로 돌아온 뒤에야 가족들에게 그때 상황을 얘기했다. 얘길 다 듣고 남편이 한마디 했다. "너, BBC 해외토픽에 나온 거 아녀?"

못 봐서 그렇지 그랬을지도 모르겠다.

물대포와 최루탄을 쏘는 진압 차량, 거기에 맞서 싸우던 시위대, 그들 양쪽이 인간적으로 '일시 정지'했던 중심에 동양의 쬐그만 아줌니가 있었다네.

(안전하게 돌아왔으니 망정이지 혹시라도 불미스런 사고가 생겼다면 욕을 패대기로 얻어먹었을 상황이다. 놀러갔다가 사고가 나면, 특히 해외여행 중 일어난 사건 사고에는 사람들의 시선 또한 따따따블로 따가우니까.)

사실 난 칠레에 대해서 잘 모른다. 관심도 크게 없었을 뿐더러 나를 확 끌어당기는 게 없었다. 그런데도 마지막 아웃 도시로 정한 건 순전히 빽하기 싫어서다. 그리고 살짝 한 나라의 수도에서 아웃하는 것도 그리 나쁘진 않은 것 같아서. 부에노스아이레스를 거쳐 마지막 부분에 엘칼라파테를 가는 여정인데 군이 부에노스아이레스로 빽하기 싫어서 산티아고로 정했을 뿐.

참 한심하기도 하고 참 단순한 여행자다. 뭐 그럼 어떠리.

여행이란 게 무슨 틀이 있는 것도 아닌데 내 맘 땡기는 대로 하면 그만이지.

여행 막바지라서 피곤하기도 하고 별 크게 땡기는 곳도 없고 정보도 가진 게 별로 없어서 그냥 어슬렁 어슬렁 한식당 중식당 찾아다니며 나름 나한테 주는 휴가 같은 느낌으로 보내고 있던 중이었다. 한 치 앞도 내다볼 수 없는 게 정말 인생사다. 그렇게 평화로움 속을 걷다가 갑자기 폭풍에 휩싸이게 될 줄을 어찌 알았겠는가. 가장 관심 밖이었던 나라에서 가장 진한 인간애를 느끼고 가게 될 줄은 또 어찌 알았겠나.

인생사 새옹지마다.

산티아고 공항으로 가다

느긋하게 체크아웃을 하고 나왔다. 전날 시위대와 진압 차량이 대치하고 있던 도로에 아무 일 없었던 것처럼 일반 차량들이 지나가고 있었다. 시위 중심지였던 이탈리아 광장(바케다노 광장) 앞도 태연하게 하루가 이어지고 있었다. 근데 며칠 겪어보니까 오전엔 조용하다가 주로 오후에 난리를 치는 것 같았다. 오후에도 이탈리아 광장을 벗어난 곳은 평화로워 보였으니 이래저래 두 얼굴의 산티아고다.

이탈리아 광장 앞에서 택시를 잡아 타고 투르버스 터미널로 갔다. 23번 매표소에서 공항가는 표를 끊었다. 교통 상황에 따라 다르겠지만 버스는 딱히 막히는 곳 없이 약 30분 만에 산티아고 공항에 도착했다. 산티아고 공항에서 시내로 가려면 4번 출구 근처에 택시나 벤 매표소들이 있으니 참고하면 되겠다.

미국 달라스를 거쳐 한국으로 오는 비행기는 늦은 저녁 비행기였는데 대낮에 공항에 일찍 가버렸다. 18시간이 넘는 장거리 버스도 탔는데, 거기에 비하면 깨끗한 화장실도 있고 음식점도 있고, 와이파이도 팡팡 터지는 데서 비행기 기다리는 건 일도 아니었다.

가는 게 어렵지 오는 건 쉽다

칠레 산티아고 출발 미국 달라스행 밤 비행기는 2시간이나 늦게 출발했다. 산티아고 공항에서 9시간 날아가 미국 달라스 공항에 도착했다.

환승 절차지만 입국, 출국 절차 밟는 것 같다. 남미 자유여행의 시작점 페루로 갈 때 이미 한 번 환승해 봐서 누구한테 물어볼 필요도 없고 헤맬 일도 없었다. 일단 ESTA(이스타)라고 쓰인 곳 쪽으로 따라가서, 한국어가 있는 키오스크 입국신고서 질문에 사실 그대로 작성하면 종이영수증 같은 게 나온다. 이걸 들고 다시 심사관한테 가면 "스테이? 트랜짓?" 하고 묻는다. 간단히 "트랜짓(환승)" 하면 된다.
뭐든 모르면 어렵고 알면 쉽다.

환승장에 들어가 출국 게이트를 찾을 때 'Incheon'을 찾으니 아무리 찾아도 안 보였다. 시간이 거의 되어 가는데도 안 떴다. 혹시 '서울'인가?' 하고 S로 시작하는 곳을 찾으니 'Seoul-Incheon'에 게이트

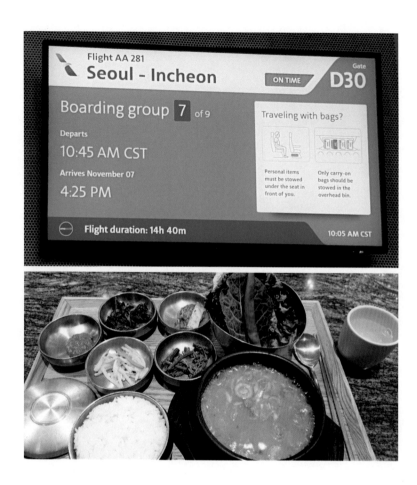

번호가 떠 있었다. 거참. 남의 나라 도시 이름을 지네가 알아먹기 쉬
운 기준으로 써놨구먼.

　역시 모르면 어렵고 알면 쉬워…….

　미국 달라스에서 그님의 서울-인천까지는 비행 시간 약 12시간
걸렸다. 주는 밥 꼬박꼬박 다 받아먹고 비행기 안에서 해 뜨는 거 봤

다. 인천 공항 도착하자마자 한 달 남미 자유여행의 대장정을 비지
찌개로 마무리했다.

　암튼 나 홀로 여행 무사히 마치고 돌아온 구쎌!!!

　기특하다 기특해!

　장하고 장하다 구쎌!!!

닫는 글

일상을 벗어나 광활한 남미 대륙을 여행한다는 건 정말 꿈같은 일이었어요. 하지만 거리를 자유롭게 활보하는 개들 때문에 저는 오히려 자유를 만끽하지 못했지요. 남미가 개들의 낙원인 줄 알았다면 애초에 가지도 않았을지 몰라요. 누가 돈 주고 다시 가라고 해도 남미는 앞으로 절대 안 간다고 했답니다.

그런데, 그런데 말입니다.
역시 오래 살고 볼 일입니다.

시골집 시댁에 진돗개 '호두'와 '겨울'이 두 마리를 키우고 있었어요. 개들이 마당에 풀어져 있으면 저는 무서워서 마당으로 들어가지도 못하곤 했죠. 그 중 겨울이가 작년 봄에 '파보'라는 전염병에 걸렸었네요. 코로나 환자처럼 격리가 필요해서 아들님이 겨울이를 우리집 아파트 자기 방으로 데려와 보살폈답니다.
수액도 맞고 병원 다니며 며칠 동안 힘겹게 버텨내는 겨울이를 보니까 안쓰러워졌어요. 불쌍해서 물도 갖다 주고 먹이도 갖다 주고 하다 보니 저도 모르게 개에 대한 무서움과 경계감이 느슨해지더라구요. 그러다가 드디어 난생처음 내 손으로 겨울이를 쓰다듬어 보기까지 했네요.

저한테는 완전 천지개벽할 일이 일어난 겁니다.

이제는 누가 돈 주고 다시 가라면 얼씨구나 하고 갈 수 있을 거 같네요. 마치 러시아어 한 마디 할 줄 모르지만 시베리아 횡단열차를 타고 싶어 혼자 러시아 여행을 다녀왔던 것처럼요.

아! 줌마의 뒤죽박죽 러시아 여행기